KANOSALA

すぐに美味しい **ヘルシー酒肴**

旬の野菜をたっぷり使った新しいおつまみ101品

KADOKAWA

はじめに

Introduction

このたびはこの本を手に取っていただき、ありがとうございます。

レシピ考案・調理を担当するNICOは、これまでにさまざまな飲食店でお酒や料理を楽しんできて、料理は10代の頃からしていました。ISOは写真や映像で表現する仕事をしています。そんな2人が出会い、KANOSALAが生まれました。2人が共通して好きなものが「サラダ」と「お酒」。野菜が持つ魅力に気付き、それをシンプルに、お酒とともに楽しみながら味わう日々を送っています。

サラダは季節を感じさせてくれる食材の宝庫。野菜をふんだんに使うことで、「もっと食べてもいいよね」「なんだかずっと食べていられる」と、満足感も得られます。

この本には、簡単に作れてヘルシー、しかもお酒のお供にもなる「つまみ系サラダ」をギュッと詰め込みました。

疲れて帰ってきた夜、少しだけお酒を呑みたい気分のとき、家でゆっくり一人呑みを楽しむとき、友人・家族と集まってにぎやかに過ごすときなど、さまざまなシーンで役立てていただけると思います。野菜の持つ無限の可能性を感じながら、新たな「食」の楽しみ方を見つけていただけたらうれしいです。

みなさんがこの本を通じて、すばらしい時間を過ごせることを願っています。

KANOSALA
（NICO&ISO）

CONTENTS

2　はじめに
8　KANOSALA の酒肴
　　美味しく作るためのマイルール
9　本書の使い方
10　いつも使っている調味料

Part 1
すぐに美味しい野菜の酒肴

[和えるだけ]
14　セロリとしらすのマスタードマリネ
16　和風カプレーゼ
17　アボカドチーズ　わさびじょうゆがけ
18　レタスと帆立缶のサラダ
19　大根、ハム、青じそのミルフィーユ
20　大根と青じその梅マヨポンサラダ
22　にんじんのヨーグルトサラダ
23　いそいそサラダ
24　パリピツナチーズ
24　トマトのさっぱり生姜まみれ
26　キャベツときゅうりのたぬきサラダ
27　もりもり野菜とタコの韓国風和え
28　ズッキーニと生ハムの
　　バジルサラダ
30　かぶとみょうがの梅和え
31　ケールとキーウィの
　　チーズナッツサラダ
32　新玉ねぎとマッシュルームの
　　クリーミーごまドレサラダ
34　きゅうりと切り干し大根の
　　ツナサラダ
35　春菊カリポリサラダ
[さっと火を通して]
36　なすとモッツァレラの揚げ出し風
38　白いれんこんサラダ
38　黒いれんこんサラダ

40　ザクザクオクラ
41　ししとう甘辛炒め
42　ガーリックトマタコ
43　ほうれん草とカリカリベーコンの
　　コクマヨ和え
44　わかめと高菜のガーリック炒め
45　なすとズッキーニの黒酢マリネ
46　アスパラクミンバター
48　焼きかぶのハニマスレモン
49　にんじんとささ身の
　　ごまマヨサラダ
50　ブロッコリー明太ガーリック
51　もやしときくらげのピリ辛和え
52　せりのナムル
53　長芋と三つ葉の
　　柚子こしょうサラダ

54　毎日活躍している調理道具

Part 2
肉、魚介、卵、豆腐の酒肴

[肉]
58　生姜なバンバンジー
60　香味野菜のローストビーフ巻き
62　パリピ担々風味
63　カリカリ豚とルッコラのサラダ
64　もりもり豚しゃぶサラダ
66　ズッキーニプルコギ
67　ささ身とキムチのコチュマヨサラダ
68　とろとろなすの梅ドレ豚しゃぶ
70　新玉砂肝コチュポン
71　スモークタンとセロリ、
　　青唐辛子のサラダ
72　豚しゃぶともやしの
　　梅ザーサイ和え
73　そぼろのカレー風味なサラダ
[魚介]
74　帆立と彩り野菜のスパサラ

76	つぶ貝とみょうがののりドレ
77	鯛のセビーチェ
78	イカのねぎまみれ
79	エビときゅうりのプチプチサラダ
80	まぐろのたたきと長芋の ガーリックポン酢和え
82	青じそもりもりタコの梅サラダ
83	エビとアボカドの スイートチリマヨ

[卵]

84	ゆで卵とブロッコリーの シーザーサラダ
86	キャベツとパセリの卵サラダ
87	とろ〜り卵とオクラの アヒージョ風味
88	焼きスナップえんどうの スクランブルエッグのせ

[豆腐]

90	豆腐とトマトのサンラータン風味
91	とろとろもずく豆腐
92	トマトとチーズの豆腐サラダ
93	おぼろ豆腐豆乳サラダ

Column
94	つまみになるポテトサラダ7選

Part 3
作りおきもできる酒肴

104	キャロットラペ
106	ポリポリ中華くらげサラダ
108	根菜とひじきのごまマヨサラダ
110	豆もやしのねぎ塩タンサラダ
111	ミックスきのこのマリネ
112	セロリと生ハムのレモンマリネ
112	コールスロー
114	大根とハムのマスタードマヨサラダ
115	イカとズッキーニのカレーマリネ

Part 4
おもてなし酒肴

TABLE 1
120	トマトとパクチーと 桜エビのサラダ
121	豚肉のやわらかムーピン風
122	ワンタン包み揚げ
123	トムヤム炒飯

TABLE 2
126	トマトとクリームチーズの ディップ
126	マッシュルームのファルシ
127	チキンと野菜のグリル

TABLE 3
130	きゅうりとみょうがののり巻き
130	まぐろと春菊のサラダ
131	砂肝ガーリック炒め
131	豚しゃぶラー油そば

[これもおすすめ]

132	しらすと枝豆のブルスケッタ
133	フルーツチーズのブルスケッタ
134	鯛とみょうがのピンチョス
134	干し柿とバターのピンチョス
136	カリカリごぼうとれんこんの バルサミコ和え
137	芽キャベツのクリチハニマス
138	ケールとオリーブの クスクスサラダ
140	スナップえんどうカルボ
141	セロリとピングレの コールスロー

Column
142	KANOSALAの 好きな日本のワイナリー

KANOSALA の酒肴

美味しく作るためのマイルール

**野菜は
たっぷりと。**

野菜が大好きなので（特にISOが）、つまみも自然と野菜の比率が高くなります。野菜ならカロリーが低いのでヘルシーだし、体にもいいから、多少食べすぎても体への負担が少なく、罪悪感も減る気が（笑）。最近はほとんどの野菜が一年中手に入るけれど、旬の美味しい野菜を味わうことも大事にしたいと思っています。

**食感、香り、
味わいで
メリハリをつける。**

香味野菜、薬味、ナッツ類などを組み合わせたり、トッピングにごま、フライドオニオン、お茶漬けあられなどを使ったりして、アクセントをプラスします。食感、香り、味わいにメリハリがつくと、一口ごとに変化が感じられて楽しいですし、最後まで美味しく食べられます。

**盛り付けが
「美味しい」を
後押し。**

盛り付けひとつで「美味しい」が3割増しになったり、その逆もあるなぁと感じています。ふだん意識しているのは、「あまり盛りすぎない」（器に余白があると、品が出て高級感が増す）、「高さを出す」（立体感が出て、洗練された印象に）、「食材は全体の色のバランスを見て配置」（料理が映えて、食欲を刺激）。器とのバランスがぴたっと決まると、ちょっと誇らしい気持ちになります（笑）。

本書の使い方

- **小さじ1は5㎖、大さじ1は15㎖**です。
- 野菜や果物は、特に記述がない場合でも「洗う」「皮をむく」「へた、わた、種、石づき、根元、がくを取る」などの下ごしらえをしてから調理に入ってください。
- 塩などの**「少々」とは、親指と人さし指の2本で軽くつまんだ量、「ひとつまみ」とは、親指と人さし指、中指の3本で軽くつまんだ量**です。
- **電子レンジの加熱時間は600Wのものを基準に**しています。500Wなら1.2倍、700Wなら0.9倍の時間で加熱してください。
- **フライパンはコーティング加工されているもの**を使用しています。
- 砂糖は、あればひかえめな甘さのてんさい糖を使ってみてください。
- 本書で紹介している調味料などの商品は、国内のものはメーカーを、輸入品は一部、販売店（取扱店）を記載しています。いずれも2024年10月15日現在の情報です。
- 作りおきメニューは、加熱する場合は粗熱をとってから、清潔な保存容器に入れてください。また、保存期間は冷蔵で保存する場合の目安です。

持ち寄りOK について

ホームパーティーなどのとき、当日作って持ち寄るのにおすすめのレシピです。清潔な保存容器に入れ、トッピング食材は別にして持って行くのがおすすめ。夏場は容器に保冷剤をのせたり、内側が保冷効果の高いアルミ蒸着フィルムになっている保冷バッグに入れるなどすると安心です。

相性のいいお酒 について

各レシピに、一緒に呑むと美味しいお酒を紹介しています。すべてのお酒に精通しているわけではないので、あくまでもKANOSALA的なペアリングです。「これじゃなければいけない」というものではないので、気軽に参考にしてもらえればと思います。
＊スパークリングワインは「泡」と表記しています。

Staff

表紙・本文デザイン	細山田光宣＋奥山志乃＋榎本理沙（細山田デザイン事務所）
撮影	福尾美雪
スタイリング	佐々木カナコ
調理スタッフ	三好弥生　好美絵美
校正	秋 恵子　根津桂子
DTP	キャップス
取材・文	田子直美
編集担当	前山陽子（KADOKAWA）
撮影協力	UTUWA
Special Thanks	志村酒店

｜ いつも使っている調味料 ｜

塩

油

- **クレイジーソルト** 岩塩にオニオン、ガーリック、タイム、オレガノなどのハーブやスパイスをブレンドした調味塩。ハーブ感が欲しいときに使います。／日本緑茶センター
- **スパイスアップ ヒマラヤピンクソルト** ミル付きなので必要な分だけ砕いて使えて便利。ミネラルが豊富でうまみがあるので、ドレッシングに使うと、まろやかな味わいに仕上がります。／カルディコーヒーファーム
- **ふ〜塩 旨ミックス** 「和」のしょうゆやみそ、昆布茶などと、「洋」のガーリックやハーブなどを絶妙に配合した熊本生まれの調味料。どんな料理にも合うので、"塩、こしょう"代わりに愛用しています。／KIYORAきくち
- **赤穂の天塩** 野菜や肉などにまぶしたり、塩ゆでしたりするときは、粗塩を使います。スーパーなどで手に入る、手軽なものでOKです。／天塩

- **ICONOエキストラバージンオリーブオイル** チリ北部のアタカマ砂漠カルデラ平原で採れたオリーブのみを使用。ドレッシングに使うと、まろやかで深みのある香りや味わいが加わり、ひと味違ってきます。／マイスタヴェルク・ホールディングス
- **マルホン圧搾純正胡麻油** 圧力だけでギュッと搾った、雑味がないまろやかな味わいのごま油。かけるだけで、香り高く仕上がるところが気に入っています。／竹本油脂
- **九鬼太白純正胡麻油** 良質なごまをいらずに、低温圧搾法で搾ったごま油。色や香りがないので、素材の味を生かしたいときに使います。／九鬼産業

010

酢

- **千鳥酢** 米と熟成した酒粕から仕込み、醸造されたまろやかな味と香りの米酢。とんがった酸味が立たないので、ドレッシングなどに使いやすくて好きです。／村山造酢
- **臨醐山黒酢** 玄米由来の甘みと食欲を刺激する豊かな香りが特長。深みとコクをプラスしたいときは、黒酢の出番です。／内堀醸造
- **REALEバルサミコ酢** ワインビネガーを使わず、イタリア・モデナ産のぶどうだけで発酵・熟成させたバルサミコ酢。甘みと酸味が絶妙で、和え物やサラダを上質なごちそうに仕上げてくれます。／マイスタヴェルク・ホールディングス
- **エーコープ らっきょう酢** らっきょう漬けが塩漬けなしで、簡単に美味しく漬かる調味酢。塩分強めのしっかり味で、コールスローのようなキャベツのサラダとの相性が◎。／JA全農
- **カンタン酢** 砂糖、食塩などが配合され、これ1本で漬け物、酢の物、マリネ、肉料理などが簡単に作れる便利な調味酢。まろやかな酸味に仕上げたいときの必需品です。／ミツカン

イチオシのしょうゆ、
だしじょうゆです

ふだん使っている濃口しょうゆは、ISOの地元、熊本の丸亀醤油の「こいくち 松」(写真左)。豊かな香りと程よい甘みが魅力で、やっぱり食べ慣れたこの味じゃないとダメなんですよね…。だしじょうゆは、丸亀醤油醸造の「ダルマだし」(写真右)を使用。鹿児島県枕崎市の名産本枯節をふんだんに使用し、うまみ、甘み、塩味のバランスがよくて美味しいです。なければナンプラーで代用してください。

Part

1

KANOSALA

すぐに

美味しい野菜 の 酒肴

「切って和えるだけ」「さっと火を通
すだけ」で作れるスピードは、今す
ぐ呑みたいときにうれしいポイント
です。野菜がメインだから、軽くつ
まみながら呑みたいときにぴったり。
美味しいつまみとお酒で、ゆるゆる
と楽しい時間をどうぞ。

セロリとしらすのマスタードマリネ

セロリのほろ苦さや
しらす、オリーブの風味が
酒の味を引き立てる

Part 1

すぐに美味しい野菜の酒肴／和えるだけ

● 材料（2人分）
セロリの茎 … 1本（100g）
黄パプリカ … 1/2個（100g）
しらす干し … 20g
黒オリーブ（種なし）… 3～4個
塩 … ひとつまみ

A ┃ カンタン酢 … 大さじ3
　 ┃ オリーブ油 … 大さじ1
　 ┃ ディジョンマスタード … 小さじ2
　 ┃ レモン汁 … 小さじ1
　 ┃ ふ〜塩 … 少々

● 作り方
1. セロリは筋を取って斜め薄切りにし、パプリカは縦薄切りにする。ともにボウルに入れて塩をまぶし、しんなりしたら水けを拭く。
2. オリーブは薄切りにする。Aは混ぜ合わせる。
3. 1にしらす干し、2を加え、和える。

持ち寄りOK　相性のいいお酒／ワイン（白、ロゼ）ハイボール

Part 1

すぐに美味しい野菜の酒肴／和えるだけ

和風カプレーゼ

和素材の青じそやポン酢、おかかをプラス。
さっぱりとして、パクパクいけちゃう。

● 材料（2人分）
ミニトマト … 5〜6個
青じそ … 3枚
プチモッツァレラ … 10個
A ┃ 昆布ポン酢、オリーブ油
　 ┃ … 各大さじ1
削りがつお … 1g

● 作り方
1. ミニトマトは半分に切り、ボウルに入れる。
2. Aは混ぜ合わせる。
3. 1にモッツァレラと、青じそをちぎりながら加える。2を加えて和え、器に盛り、削りがつおをふる。

持ち寄りOK　相性のいいお酒／ビール　ワイン（白、ロゼ）　ハイボール

アボカドチーズわさびじょうゆがけ

アボカドが極上のつまみに変身
わさびじょうゆとチーズがお互いを引き立てて

● 材料（2人分）
アボカド … 1個
ピスタチオ(素焼き) … 6〜7粒
A ┃ 練りわさび(チューブ) … 1cm
　┃ しょうゆ … 大さじ1
粉チーズ … 大さじ1

● 作り方
1. ピスタチオは粗く刻む。
2. Aは混ぜ合わせる。
3. アボカドは縦半分に切って横1cm幅に切り、器に盛る。2をかけ、1、粉チーズをふる。

🍴 相性のいいお酒 ／ ビール　ワイン（白、オレンジ）　ハイボール

レタスと帆立缶のサラダ

細かく刻んだしば漬けが
食感や塩け、色味のいいアクセントに

Part 1 — すぐに美味しい 野菜の酒肴／和えるだけ

🍷 相性のいいお酒／
ビール　ワイン（白、ロゼ）　ハイボール

● 材料（2人分）
レタス … 4〜5枚（150g）
帆立貝柱水煮缶 … 30g
しば漬け … 10g
A ┌ 米酢 … 大さじ1
　│ しょうゆ … 小さじ2
　└ 太白ごま油 … 小さじ1
粗びき黒こしょう … 適量

● 作り方
1. レタスはせん切りにする。しば漬けはみじん切りにする。
2. 帆立貝柱はほぐし、Aを加えて混ぜる。
3. 器にレタスを盛ってしば漬けを散らし、2を回しかけ、黒こしょうをふる。

大根、ハム、青じそのミルフィーユ

大根はできるだけ薄くするのがポイント。
レモンじょうゆ×塩昆布の味わいが新感覚

● 材料（2人分）
大根（細めのもの）… 80g
青じそ … 5〜6枚
ハム … 4枚
塩昆布 … 小さじ1
A ┃ オリーブ油 … 大さじ1
　 ┃ レモン汁、しょうゆ … 各小さじ1

持ち寄りOK

相性のいいお酒／
　ビール　ワイン（白、ロゼ）　ハイボール

● 作り方
1. 大根はスライサーで薄い輪切りにする。青じそ、ハムは4等分（縦横半分）に切る。
2. 塩昆布は粗みじん切りにし、**A**を加えて混ぜる。
3. 大根を3〜4枚1組にして、間に青じそ、ハムをはさむ。器に盛り、**2**をかける。

Part 1 ── すぐに美味しい野菜の酒肴／和えるだけ

マヨネーズに梅干しとポン酢をかけ合わせると、大人味になるのを発見。箸が止まらん！

大根と青じその梅マヨポンサラダ

● 材料（2人分）
大根 … 250g
青じそ … 5枚
梅干し … 1個
塩 … ひとつまみ
A ┌ マヨネーズ … 大さじ1
　└ 白いりごま、昆布ポン酢 … 各小さじ1
削りがつお … 1g

● 作り方
1. 大根は4〜5cm長さの細切りにし、ボウルに入れる。塩をまぶし、しんなりしたら水けをきる。
2. 青じそはせん切りにし、梅干しは種を除いて包丁でたたく。
3. 1に2、Aを加え、和える。器に盛り、削りがつおをふる。

🥄 持ち寄りOK
🍶 相性のいいお酒／ビール　ワイン（白、ロゼ、オレンジ）ハイボール

Part 1

にんじんの
ヨーグルトサラダ

濃厚でクリーミー、複雑な味の組み合わせで
にんじんがもりもり食べられる

すぐに美味しい野菜の酒肴／和えるだけ

● 材料（2人分）
にんじん … 1本（150g）
ハム … 4枚
アーモンド（素焼き）… 6〜8粒

A
　ギリシャヨーグルト（プレーン）
　　… 大さじ2
　マヨネーズ … 大さじ1
　粒マスタード、レモン汁、
　　はちみつ … 各小さじ1
　ふ〜塩 … ひとつまみ
　オリーブ油 … 少々

● 作り方
1　にんじんはスライサーでせん切りにし、ハムは半分に切ってせん切りにする。アーモンドは粗みじん切りにする。
2　ボウルににんじん、ハム、Aと、アーモンドの半量を入れ、和える。
3　器に盛り、残りのアーモンドをふる。

持ち寄りOK　　相性のいいお酒／ワイン（白、ロゼ、オレンジ）

022

いそいそサラダ

口いっぱいに広がる磯風味がたまらない！
"あおさのり" と "ISO" で "いそいそ" と命名（笑）。

● 材料（2人分）
きゅうり … 1本
ちくわ … 1本

A
- 練りわさび（チューブ）… 1㎝
- あおさのり（乾燥）… 大さじ3
- マヨネーズ … 大さじ1
- ふ〜塩 … ひとつまみ

あおさのり（乾燥・トッピング用）… 適量

● 作り方
1. きゅうりは縦半分に切って斜め薄切りにし、ちくわは斜め薄切りにし、ともにボウルに入れる。
2. Aを混ぜ合わせ、1に加えて和える。器に盛り、あおさのりをのせる。

相性のいいお酒／ビール　ハイボール　日本酒　焼酎

Part 1 ── すぐに美味しい 野菜の酒肴／和えるだけ

024

パリピツナチーズ

氷水でキンキンに冷やして
ピーマンのパリッとした食感を引き出して

● 材料（2人分）
ピーマン … 4個
ツナ缶（オイル漬け）… 1缶（70g）
A ┌ 粉チーズ、オリーブ油 … 各大さじ1
　├ レモン汁 … 小さじ1
　└ ふ～塩 … 小さじ1/4
粗びき黒こしょう、粉チーズ（好みで）… 各適量

● 作り方
1 ピーマンは縦せん切りにし、氷水に約5分
　さらす。
2 ピーマンの水けをしっかりきってボウルに
　入れる。ツナを軽く缶汁をきって加え、Aも
　加えて和える。
3 器に盛って黒こしょうをふり、さらに好みで
　粉チーズをふる。

──○ 持ち寄りOK　🍷相性のいいお酒／ビール　ワイン（白）　ハイボール　日本酒

トマトのさっぱり生姜まみれ

生姜のおかげでトマトの甘みが際立つ。
しっかり冷やすと、美味しさも倍増

● 材料（2人分）
トマト … 大1個（200g）
生姜 … 15g
A ┌ 昆布ポン酢、オリーブ油 … 各大さじ1
　├ 砂糖（あればてんさい糖）… 小さじ1
　└ 柚子こしょう … 少々
塩昆布 … 小さじ1

● 作り方
1 トマトは一口大の乱切りにし、器に盛
　る。
2 生姜はみじん切りにし、Aを加えて混
　ぜる。
3 1に塩昆布を散らし、2をかける。

──○ 持ち寄りOK　🍷相性のいいお酒／ワイン（白、ロゼ）　ハイボール

Part 1

すぐに美味しい野菜の酒肴／和えるだけ

キャベツと
きゅうりの
たぬきサラダ

揚げ玉の心地よいサクサク感に誘われて
ついついお酒が進みます

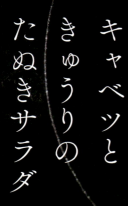

● 材料（2人分）
キャベツ … 3枚（100g）
きゅうり … 1/2本
小ねぎ … 1本
温泉卵 … 1個
A ┃ めんつゆ（4倍濃縮）… 小さじ2
　 ┃ 水 … 大さじ1
ごま油 … 小さじ1
揚げ玉 … 大さじ1
ゆず七味 … 適量

● 作り方
1. キャベツはせん切りにする。きゅうりは斜め薄切りにしてせん切りにする。小ねぎは小口切りにする。
2. Aは混ぜ合わせる。
3. キャベツときゅうりを混ぜて器に盛り、温泉卵をのせる。2、ごま油をかけ、揚げ玉、小ねぎを散らし、ゆず七味をふる。

🍶 相性のいいお酒 ／ ビール　ワイン（白）　ハイボール

もりもり野菜とタコの韓国風和え

ピリピリと広がる辛みの中に
うまみや甘みも感じられて奥深い美味しさに

● 材料（2人分）
きゅうり … 1本
にんじん … 大1/3本（60g）
長ねぎ … 1/4本
玉ねぎ … 1/4個
ゆでダコ（刺し身用）… 120g
A ┌ コチュジャン … 大さじ3
　│ カンタン酢 … 大さじ2
　│ 韓国粉唐辛子、オリーブ油
　│ 　… 各大さじ1
　│ おろしにんにく、米酢、
　│ 　砂糖（あればてんさい糖）
　└ 　… 各小さじ1
白いりごま … 小さじ1

● 作り方

1. きゅうりは縦半分に切って斜め薄切りにし、にんじんはせん切りにする。長ねぎは斜め薄切りにし、玉ねぎは薄切りにする。タコはぶつ切りにする。
2. Aは混ぜ合わせる。
3. ボウルに1を入れ、2を加えて和える。器に盛り、白ごまをふる。

＊韓国のりで巻いて食べるのもおすすめ。

　持ち寄りOK
　相性のいいお酒／
　ビール　ワイン（赤、オレンジ）
　ハイボール　焼酎

Part 1

すぐに美味しい野菜の酒肴／和えるだけ

ズッキーニを生のまま、
麺のようにスルスル食べる
ちょっと不思議で、楽しい一皿。
爽やかなレモン風味もぴったり

ズッキーニと生ハムのバジルサラダ

● 材料(2人分)
ズッキーニ … 1本(200g)
生ハム … 3枚(30g)
プチモッツァレラ … 10個
バジル … 4〜5枚
塩 … ひとつまみ

A ┌ オリーブ油 … 大さじ1
  │ レモン汁 … 小さじ1
  │ おろしにんにく … 小さじ1/2
  └ ふ〜塩 … ひとつまみ

● 作り方
1. ズッキーニはスライサーで長いせん切りにする。ボウルに入れて塩をまぶし、しんなりしたら水けを拭く。
2. バジルはみじん切りにし、Aを加えて混ぜる。
3. 1にモッツァレラ、2を加え、和える。器に盛り、生ハムをのせる。

🥄 持ち寄りOK
🍷 相性のいいお酒／
　ワイン(白、オレンジ、ロゼ) ハイボール

かぶとみょうがの梅和え

梅干し×みょうが×塩昆布は、何度でもリピートしたくなる組み合わせ

Part 1 ── すぐに美味しい野菜の酒肴／和えるだけ

● 材料（2人分）
かぶ（白い部分）… 大1個（100g）
かぶの葉 … 少々
みょうが … 1個
梅干し … 1個
塩 … ひとつまみ
塩昆布、太白ごま油 … 各小さじ1

● 作り方
1. かぶは皮つきのまま縦半分に切って薄切りにする。かぶの葉は小口切りにする。
2. ボウルに1を入れて塩をまぶす。しんなりしたら水けを拭く。
3. みょうがは縦半分に切ってせん切りにする。梅干しは種を除いて包丁でたたき、塩昆布はみじん切りにする。
4. 2に3、太白ごま油を加え、和える。

持ち寄りOK　相性のいいお酒／ワイン（白）　ハイボール　日本酒　焼酎

ケールとキーウィの チーズナッツサラダ

食材のコントラストがカラフルできれい。
いろいろな味や食感が合わさってやみつきに

● 材料（2人分）

ケール … 2〜3枚（70g）

キーウィ … 1個

紫キャベツ … 1〜2枚（40g）

カッテージチーズ … 大さじ1

アーモンド（素焼き）… 7粒

A
バルサミコ酢、オリーブ油
… 各大さじ1
粒マスタード … 小さじ2
はちみつ … 小さじ1/2
岩塩 … 少々

相性のいいお酒 ／ ビール
ワイン（白、ロゼ） ハイボール

● 作り方

1 ケールは細切りにし、紫キャベツはせん切りにする。キーウィは薄いいちょう切りにし、アーモンドは粗みじん切りにする。

2 Aは混ぜ合わせる。

3 ボウルにケール、紫キャベツ、キーウィ、2を入れ、和える。器に盛り、カッテージチーズ、アーモンドを散らす。

Part 1 ── すぐに美味しい野菜の酒肴／和えるだけ

新玉ねぎとマッシュルームのクリーミーごまドレサラダ

新玉ねぎは空気にさらし、
辛みを除いて甘みを引き出す。
濃厚ドレッシングがベストバランス

● 材料（2人分）
新玉ねぎ … 1個（180g）
マッシュルーム … 2個

A ┌ 白練りごま、だしじょうゆ、
　　米酢、オリーブ油 … 各大さじ1
　│ 白すりごま … 小さじ2
　│ おろし生姜、砂糖（あればてんさい糖）
　└　… 各小さじ1

パセリ（粗みじん切り）… 小さじ1

● 作り方
1 新玉ねぎは半分に切って薄切りにし、空気に
　さらす。マッシュルームは薄切りにする。
2 Aは混ぜ合わせる。
3 器に1を盛って2をかけ、パセリを散らす。

🍶 相性のいいお酒 ／ ビール　ワイン（白、オレンジ）

033

● 材料（2人分）
きゅうり … 1本
切り干し大根 … 20g
ツナ缶（オイル漬け） … 1/2缶（30g）
みょうが … 2個
塩昆布 … 小さじ1
白いりごま … 少々
ゆかり、ごま油 … 各小さじ2

● 作り方
1. 切り干し大根は水で戻し、水けを絞って食べやすく切る。きゅうりは縦半分に切って斜め薄切りにし、みょうがは小口切りにする。
2. ボウルに1を入れ、ツナを缶汁をきって加える。塩昆布、白ごま、ゆかり、ごま油を加え、和える。

持ち寄りOK　相性のいいお酒／ビール　ハイボール　日本酒　焼酎

きゅうりと切り干し大根のツナサラダ
Part 1

赤じその爽やかな香りが食欲を刺激。
シャキシャキと軽快な歯ざわりも爽快

すぐに美味しい野菜の酒肴／和えるだけ

● 材料（2人分）

春菊 … 1袋（100g）

しば漬け … 20g

しらす干し … 30g

A ┌ 昆布ポン酢 … 大さじ1
　├ 太白ごま油 … 小さじ1
　└ 柚子こしょう … 少々

白いりごま … 小さじ2

お茶漬けあられ … 小さじ2

● 作り方

1　春菊は葉を摘み、葉は3〜4㎝長さに切り、茎は4㎝長さの斜め切りにする。しば漬けはみじん切りにする。

2　Aは混ぜ合わせる。

3　ボウルに1を入れ、しらす干し、白ごま、2を加え、和える。器に盛り、お茶漬けあられを散らす。

お茶漬けあられ

サラダのトッピングに使うと香ばしく、カリカリとした食感がアクセントになり、楽しい食べ心地に。／富澤商店

春菊カリポリサラダ

春菊は生のまま、いい感じの苦みを堪能。

柚子こしょうの辛みを控えめに加えるのがコツ

🍶相性のいいお酒／ビール　ハイボール　日本酒　焼酎

Part 1 ── すぐに美味しい野菜の酒肴／さっと火を通して

なすとモッツァレラの揚げ出し風

なすはレンチンなら少ない油でとろとろ仕上げに。めんつゆ味だけど、ワインによく合う

● 材料（2人分）
なす … 2本（200g）
モッツァレラ … 1個（100g）
オリーブ油 … 適量
A ┃ めんつゆ（4倍濃縮）、水
　 ┃　… 各大さじ1
削りがつお … 1g

● 作り方
1. なすは縦半分に切り、皮に斜めに細かく切り目を入れ、長さを3等分に切る。耐熱ボウルに入れ、オリーブ油大さじ1をからめる。ラップをかけ、電子レンジで4分加熱する。
2. なすの水けを拭き、器に盛る。
3. Aは混ぜ合わせる。
4. モッツァレラを食べやすく裂き、2のなすの間に並べる。3を回しかけ、削りがつおをふり、好みでさらにオリーブ油適量をかける。

🍶 相性のいいお酒／ワイン（泡、白、軽めの赤）

037

白いれんこんサラダ

Part 1

薄切りれんこんにナッツをトッピングして
とことん食感を楽しむつまみに

黒いれんこんサラダ

ごまごましいマヨ味仕立てに。
ささ身、チーズ、枝豆で、食べごたえもあり

すぐに美味しい野菜の酒肴／さっと火を通して

● 材料（2人分）

れんこん…100g

ベーコン（ブロック）…30g

マスカルポーネ…大さじ1

アーモンド（素焼き）…3〜4粒

オリーブ油…小さじ1

岩塩…ひとつまみ

マヨネーズ…大さじ1

粗びき黒こしょう…適量

● 作り方

1. れんこんはスライサーで薄い輪切りにし（大きい場合は縦半分に切ってから薄切りにしても）、水にさらして水けをきる。耐熱ボウルに入れてラップをかけ、電子レンジで2分加熱し、粗熱をとって水けを拭く。

2. ベーコンは5mm角に切り、アーモンドは粗みじん切りにする。

3. フライパンにオリーブ油を中火で熱し、ベーコンを火が通るまで炒める。

4. 1に3、マスカルポーネ、岩塩、マヨネーズを加え、和える。器に盛り、黒こしょう、アーモンドをふる。

⎯○ 持ち寄りOK　🍷相性のいいお酒／ビール　ワイン（白、ロゼ、オレンジ）

● 材料（2人分）

れんこん…100g

鶏ささ身…1本（50g）

クリームチーズ…小2個（約30g）

冷凍枝豆（解凍してさやから出す）

　…30g

A {
　マヨネーズ…大さじ1
　砂糖（あればてんさい糖）、
　　黒練りごま、めんつゆ（4倍濃縮）
　　…各小さじ1
}

黒いりごま…適量

● 作り方

1. 小鍋にささ身を入れ、かぶるくらいの水を注ぐ。中火にかけ、沸騰したらふたをして火を止める。そのまま10分おき、余熱で火を通す。

2. れんこんはスライサーで薄い輪切りにし（大きい場合は縦半分に切ってから薄切りにしても）、水にさらして水けをきる。耐熱ボウルに入れてラップをかけ、電子レンジで2分加熱し、粗熱をとって水けを拭く。

3. Aは混ぜ合わせる。

4. 1のささ身を食べやすく裂いて2に加える。クリームチーズを小さくちぎって加え、枝豆、3も加え、和える。器に盛り、黒ごまをふる。

⎯○ 持ち寄りOK　🍷相性のいいお酒／ビール　ワイン（白、赤）　ハイボール

ザクザクオクラ

Part 1 — すぐに美味しい野菜の酒肴／さっと火を通して

"ザクッ"からの"ねば〜"がくせになる。オクラの代わりに焼きにんじんでも美味

● 材料（2人分）
オクラ … 10本
乾燥パン粉 … 大さじ3
粉チーズ … 小さじ2
オリーブ油 … 大さじ1
ふ〜塩 … ふたつまみ

● 作り方
1. オクラは塩適量（分量外）をふってまな板の上で転がし、うぶ毛を取って洗う。へたのまわりのがくの部分を包丁でぐるりとむき、へたの先を切り落とす。
2. フライパンにオリーブ油を中火で熱し、オクラを入れてふ〜塩をふる。ふたをして2〜3分蒸し焼きにし、ふたを取って上下を返し、フライパンの端に寄せる。空いているところにパン粉、粉チーズを入れ、カリッときつね色になるまで炒める。
3. 器にオクラを盛り、パン粉をかける。

相性のいいお酒／ビール　ワイン（白）　ハイボール

ししとう甘辛炒め

黒七味のひとふりで、お酒が進む

ししとうは穴をあけ、炒めるときの破裂を防止。

● 材料（2人分）
ししとう … 1パック（50g）
太白ごま油 … 小さじ1
A ┃ 砂糖（あればてんさい糖）… 小さじ1
　 ┃ 酒、しょうゆ … 各大さじ1
黒七味 … 適量

● 作り方
1. ししとうは楊枝で2〜3か所穴をあける。
2. フライパンに太白ごま油を中火で熱し、ししとうを炒める。焼き色がついたらAを順に加え、さっと炒める。器に盛り、黒七味をふる。

相性のいいお酒／ビール　ハイボール　日本酒　焼酎

にんにくの香りをしっかり立たせ、
油ごとジュ〜ッ。お酒を誘います

ガーリックトマタコ

Part 1 ── すぐに美味しい野菜の酒肴／さっと火を通して

● 材料（2人分）
ミニトマト … 6〜8個
ゆでダコ（刺し身用）… 80g
にんにく … 1片
パセリ（ざく切り）… 10g
赤唐辛子（小口切り）… 少々
オリーブ油 … 大さじ2
ふ〜塩 … ふたつまみ
カンタン酢 … 大さじ1

🥄 持ち寄りOK

🍸 相性のいいお酒／
　ビール　ワイン（白、赤、オレンジ）
　ハイボール

● 作り方

1. ミニトマトは半分に切り、タコは一口大に切り、耐熱ボウルに入れてパセリを加える。

2. にんにくはみじん切りにする。

3. フライパンにオリーブ油、にんにくを入れて中火で熱し、にんにくの色が少し変わってきたら赤唐辛子を加え、火を止める。

4. すぐに1に油ごと加え、ふ〜塩、カンタン酢を加え、和える。

ほうれん草とカリカリベーコンのコクマヨ和え

めんつゆ&マヨネーズに仕上げの粉チーズでコクをプラス

● 材料（2人分）
ほうれん草 … 1わ（200g）
にんじん … 大1/3本（60g）
ベーコン（ハーフ）… 5枚（40g）
オリーブ油 … 小さじ2
マヨネーズ … 大さじ2
めんつゆ（4倍濃縮）… 大さじ1
粉チーズ … 大さじ1

持ち寄りOK

相性のいいお酒／
ビール　ワイン（泡、白）
日本酒

● 作り方

1. ほうれん草はラップで包み、電子レンジで3分加熱する。水にさらしてラップを取り、冷めたら水けを絞る。3～4cm長さに切り、ボウルに入れる。
2. にんじんはスライサーでせん切りにし、ベーコンは5mm幅に切る。
3. フライパンにオリーブ油を中火で熱し、ベーコンをカリカリになるまで炒め、1に加える。にんじん、マヨネーズ、めんつゆを加え、和える。器に盛り、粉チーズをふる。

わかめと高菜のガーリック炒め

海の野菜 "わかめ" を主役に。
にんにくの香り、高菜漬けのうまみが味の決め手

Part 1 ── すぐに美味しい野菜の酒肴／さっと火を通して

● 材料（2人分）
生わかめ … 100g
高菜漬け … 30g
にんにく … 1片
ごま油 … 大さじ1
A ┌ 酒 … 大さじ1
　│ 和風だしの素（顆粒）
　│ 　… 小さじ1/2
　└ しょうゆ … 小さじ1

● 作り方

1. わかめはよく洗って水けをしっかりきり、食べやすく切る。高菜漬けは粗みじん切りにし、にんにくはみじん切りにする。

2. フライパンにごま油、にんにくを入れて中火にかけ、油がシュワシュワしてきたら高菜漬け、わかめを加え、1〜2分炒める。Aを順に加え、さっと炒め合わせる。

持ち寄りOK　相性のいいお酒／ビール　ワイン（白、赤）　ハイボール　日本酒　焼酎

044

なすとズッキーニの黒酢マリネ

こんがり焼けた野菜に香り豊かな黒酢だれがじんわりしみて

● 材料（2人分）
なす … 1本（100g）
ズッキーニ … 1/2本（100g）
ミニトマト … 6個
A ┃ 黒酢、しょうゆ … 各大さじ1
　┃ 砂糖（あればてんさい糖）
　┃ 　… 小さじ1
　┃ おろし生姜、
　┃ 　おろしにんにく … 各少々
太白ごま油 … 大さじ2
小ねぎ（小口切り）… 適量

● 作り方
1. なす、ズッキーニは1cm厚さの輪切りにする。
2. 大きめのボウルにAを入れて混ぜる。
3. フライパンに太白ごま油を中火で熱し、1を並べて焼く。焼き色がついたら上下を返し、空いているところにミニトマトを入れる。時々フライパンを揺すりながら、なすとズッキーニに焼き色がつくまで焼く。
4. 2に加え、和える。器に盛り、小ねぎを散らす。

＊できたてでも、冷蔵庫で冷やしても美味しい。

持ち寄りOK　相性のいいお酒 ／ ビール　ワイン（白、赤）　ハイボール

045

Part 1 ——— すぐに美味しい野菜の酒肴／さっと火を通して

アスパラは焼くことで
うまみが増して歯ごたえも◎。
香りのいいクミンバターが
からんで、美味しさも格別！

アスパラクミンバター

● 材料（2人分）
アスパラガス … 4本（80g）

A ┌ マヨネーズ … 小さじ2
  │ 粒マスタード … 小さじ1
  └ カンタン酢 … 大さじ1

バター … 10g
クミンシード … 小さじ1
岩塩 … 少々
しょうゆ … 小さじ1弱

🍺 相性のいいお酒 ／
ビール　ワイン（泡、白、オレンジ）
ハイボール

● 作り方

1　アスパラは茎の固い部分の皮をピーラーでむき、長さを3等分に切る。

2　Aは混ぜ合わせる。

3　フライパンにバター、クミンシードを入れて中火で熱し、バターが溶けたらアスパラを加え、岩塩をふる。ふたをして、火が通るまで1〜2分蒸し焼きにする。

4　ふたを取り、フライパンを揺すりながら焼き色がつくまで焼き、しょうゆを回しかける。器に盛り、2をかける。

046

焼きかぶのハニマスレモン

焼いて甘みを引き出したかぶがジューシー。
さっぱり、コクのあるドレッシングが好相性

Part 1 ／ すぐに美味しい野菜の酒肴／さっと火を通して

● 材料（2人分）
かぶ（白い部分）… 1個（100g）
かぶの茎 … 少々
ベーコン（ハーフ）… 5枚 (40g)
A ┌ マヨネーズ … 大さじ1
　├ 粒マスタード、はちみつ、
　│　レモン汁、調整豆乳
　└　… 各小さじ1
オリーブ油 … 小さじ1
岩塩 … ひとつまみ
レモンの皮（すりおろす）… 少々

● 作り方
1. かぶは皮つきのまま八つ割りにし、かぶの茎は3cm長さに切る。ベーコンは1cm幅に切る。
2. Aは混ぜ合わせる。
3. フライパンにオリーブ油を中火で熱してかぶを入れ、焼き色がつくまで焼く。上下を返してベーコン、かぶの茎、岩塩を加え、かぶに焼き色がつくまで焼く。
4. 器に盛って2をかけ、レモンの皮を散らす。

🍷 相性のいいお酒／ワイン（泡、白、赤、ロゼ）

048

にんじんとささ身のごまマヨサラダ

めんつゆ風味のごまマヨ味に箸が進む、進む！
にんじんが何本でもいける、やばい美味しさ

● 材料（2人分）
にんじん … 2本（300g）
鶏ささ身 … 1本（50g）
プチモッツァレラ … 6個
A ┌ マヨネーズ … 大さじ3
　│ 白すりごま … 大さじ2
　│ めんつゆ（4倍濃縮）
　└ 　… 大さじ1と1/2
塩 … ひとつまみ

● 作り方
1. 小鍋にささ身を入れ、かぶるくらいの水を注ぐ。中火にかけ、沸騰したらふたをして火を止める。そのまま10分おき、余熱で火を通す。
2. Aは混ぜ合わせる。
3. にんじんはピーラーで縦に薄く削ってボウルに入れ、塩をまぶす。1のささ身を食べやすく裂いて加え、モッツァレラ、2も加え、和える。

持ち寄りOK　相性のいいお酒／ビール　ワイン（白、オレンジ）

明太子とチーズの相性のよさにびっくり。
食欲を刺激するにんにくの香りも添えて

ブロッコリー明太ガーリック

Part 1 ──

すぐに美味しい野菜の酒肴／さっと火を通して

● 材料（2人分）
ブロッコリー … 1/3 個（100g）
プチモッツァレラ … 10個
辛子明太子 … 30g
にんにく … 1/2 片
オリーブ油 … 小さじ 2

A ┌ だしじょうゆ … 小さじ 1
  └ レモン汁 … 少々

● 作り方
1. ブロッコリーは小さめの小房に分ける。耐熱ボウルに入れてラップをかけ、電子レンジで2分加熱し、水けを拭く。
2. 明太子は薄皮を取り、にんにくは粗みじん切りにする。
3. フライパンにオリーブ油、にんにくを入れて中火にかけ、色づくまで炒める。1に加え、A、明太子、モッツァレラも加え、和える。

── 持ち寄りOK　相性のいいお酒 ／ ビール　ワイン（白、赤）　ハイボール

もやしときくらげのピリ辛和え

もやしときくらげは手軽にレンチン。
ポン酢ベースのピリ辛だれでお酒に合う味に

● 材料（2人分）
もやし … 1袋（200g）
きくらげ（乾燥・細切り）… 10g
ハム … 4枚

A
- 昆布ポン酢 … 大さじ2
- ラー油 … 小さじ2
- 鶏ガラスープの素 … 小さじ1/2
- 白いりごま … 少々

糸唐辛子 … 適量

● 作り方

1. きくらげは水で戻して水けをきり、もやしとともに耐熱ボウルに入れる。ラップをかけ、電子レンジで3〜4分加熱し、粗熱をとる。
2. ハムは半分に切って細切りにする。
3. 1の水けを拭き、ハム、Aを加え、和える。器に盛り、糸唐辛子をのせる。

持ち寄りOK　相性のいいお酒 ／ ビール　ハイボール　日本酒　焼酎

Part 1

すぐに美味しい野菜の酒肴／さっと火を通して

せりのナムル

せりは根も美味しいので、根付きの場合は捨てずに使って。香りと歯ざわりを楽しみたい

● 材料（2人分）
せり … 1わ（100g）
塩 … ひとつまみ
A ┌ だしじょうゆ … 大さじ1
  │ ごま油 … 小さじ1
  └ おろしにんにく … 少々
白いりごま … 小さじ1/2

● 作り方
1. せりは根があれば歯ブラシなどでよく洗い、4～5cm長さに切る。
2. 鍋に湯を沸かし、塩を加えてせりを根の部分から入れ、さっとゆでる。ざるに上げ、冷水にさらして水けをしっかりきる。
3. ボウルに入れ、Aを加えて和える。器に盛り、白ごまをふる。

持ち寄りOK
相性のいいお酒／
ビール　ハイボール　日本酒　焼酎

長芋と三つ葉の柚子こしょうサラダ

添え野菜のイメージだった三つ葉が絶品サラダに。程よい苦みがつまみにもってこい!

● 材料（2人分）
長芋 … 70g
三つ葉 … 1わ（50g）
鶏ささ身 … 1本（50g）
A [ごま油 … 小さじ2
    塩昆布 … 小さじ1
    柚子こしょう … 小さじ1/2]
白いりごま … 小さじ1

● 作り方
1. 小鍋にささ身を入れ、かぶるくらいの水を注ぐ。中火にかけ、沸騰したらふたをして火を止める。そのまま10分おき、余熱で火を通す。
2. Aは混ぜ合わせる。
3. 三つ葉は3～4cm長さに切り、長芋は細切りにし、ともにボウルに入れる。1のささ身を食べやすく裂いて加え、2を加えて和える。器に盛り、白ごまをふる。

持ち寄りOK
相性のいいお酒／
ワイン（白）　ハイボール
日本酒　焼酎

毎日活躍している調理道具

| サラダスピナー |

野菜をぶんぶん回して、しっかり水けをきってくれます。これのおかげで、サラダも野菜がパリッと仕上がり、美味しさもぐんとアップ。山研工業「バリバリサラダ」のMサイズを使っています。

| スライサー |

包丁では難しい、極薄のせん切りや薄切りにしたいときは、スライサーにおまかせ。お気に入りは貝印の「SELECT100 細せん切り器」（写真右）とベンリナーの「万能野菜調理器」（写真左）。どちらも切れ味抜群です。

| ピーラー |

初めて使ったときに段違いの切れ味に感動したのが、貝印の「SELECT100 T型ピーラー」。野菜の皮がスルスルむけます。U字型の突起部分をくるっと回せば、じゃが芋の芽取りも簡単。

| みじん切りチョッパー |

玉ねぎやにんじんなどのみじん切りが、ハンドルを引くだけで簡単にできるので時短につながります。無印良品のものは、シンプルですっきりとしているところが好きです。

| 注ぎ口付きボウル＆泡立て器 |

iwakiの耐熱ガラス製の「リップボウル」と、無印良品の「ステンレス 泡立て・小」は、ドレッシングを作るときの必須アイテム。250mℓ用のボウルがちょうどいいサイズ感で、液だれしにくいところと電子レンジ使用可な点が◎。

| 小さいすり鉢 |

すりたてのごまは香りが段違いにいいので、すり鉢は欠かせません。うつわのお店 たたらで買った美濃焼のすり鉢は小さめサイズで、そのまま器としても使えるかわいさ。すりすりする作業も楽しい（すりこ木は私物）。

| 薬味おろし |

にんにくや生姜をすりおろすときは、京セラの「セラミック薬味おろし」を愛用中。セラミック製なので刃がさびずに清潔に使えます。さっと洗えて後片付けがラクなのもうれしいポイント。

| おろし金 |

チーズやレモンの皮を削るときは、マイクロプレインの「ゼスターグレーター」を。目詰まりせず、周りに飛び散らないので快適にすりおろせるうえ、チーズはふわふわに仕上がります。

Part

2

KANOSALA

肉、魚介、卵、豆腐の酒肴

肉や魚介などのたんぱく質食材のうまみをプラス。食べごたえがありつつも、野菜もたっぷり使ってヘルシーな仕上がりです。魚介は下ごしらえが面倒なイメージかもしれませんが、刺し身やボイルしたものを使うと、ハードルもぐっと下がります。

生姜なバンバンジー

辛みの少ない新生姜をこれでもかとのせて。
濃厚なごまだれに清々しさが加わり、バランスもいい

Part 2 ──

── 肉、魚介、卵、豆腐の酒肴／肉

● 材料（2人分）

鶏むね肉（皮なし）… 180g

新生姜 … 130g

トマト … 1個（150g）

A
{
　長ねぎ（みじん切り）… 5cm分
　カンタン酢 … 大さじ2
　白練りごま、しょうゆ
　　… 各大さじ1
　白いりごま、ラー油
　　… 各小さじ1
}

糸唐辛子 … 適量

🍷 相性のいいお酒 ／
　ビール　ワイン（白、オレンジ）
　ハイボール　日本酒

● 作り方

1　鍋に鶏肉を入れ、かぶるくらいの水を注ぐ。中火にかけ、沸騰したらふたをして火を止める。そのまま10分おき、余熱で火を通す。

2　新生姜はせん切りにし、トマトは7〜8mm厚さの輪切りにする。1の鶏肉は食べやすく裂く。

3　Aは混ぜ合わせる。

4　器にトマトを敷き、生姜、鶏肉を順にのせ、3をかけて糸唐辛子をのせる。

Part 2

――

肉、魚介、卵、豆腐の酒肴／肉

香味野菜の
ローストビーフ巻き

ローストビーフで好みの野菜をくるり。
玉ねぎ入りのポン酢だれでどうぞ

● 材料（2人分）

ローストビーフ（薄切り）… 150g

セロリ … 50g

みょうが … 2個

アボカド … 1/2個

貝割れ菜 … 1パック

A ┌ 玉ねぎ（みじん切り）… 1/4個分
　├ 昆布ポン酢 … 大さじ3
　├ オリーブ油 … 小さじ1
　└ おろしにんにく … 少々

● 作り方

1. セロリは筋を取り、3〜4cm長さのせん切りにする。みょうがは縦半分に切ってせん切りにし、アボカドは縦4〜6等分に切る。

2. Aは混ぜ合わせる。

3. 器にローストビーフ、1、貝割れ菜を盛り、ローストビーフに2のたれを適量かける。ローストビーフに野菜をのせ、さらに好みでたれをかけながら食べる。

🍷 相性のいいお酒 ／
　ビール　ワイン（赤、ロゼ）　ハイボール

パリピ担々風味

Part 2 ── 肉、魚介、卵、豆腐の酒肴／肉

花椒醤とピーナッツバターをからめて
食感パリパリのピーマンに甘辛肉みそをどっさりと。

● 材料（2人分）
合いびき肉 … 130g
ピーマン … 大3個
長ねぎ … 7〜8cm
A ┃ おろしにんにく、
　 ┃ 　おろし生姜、塩 … 各少々
甜麺醤 … 大さじ1
しょうゆ … 小さじ1
花椒醤、ピーナッツバター
　（加糖タイプ）… 各適量

● 作り方
1. ピーマンは四つ割りにし、氷水にさらす。長ねぎはみじん切りにする。
2. フライパンにひき肉を入れて中火にかけ、炒める。色が半分ほど変わってきたらAを加え、肉の色が変わるまで炒める。甜麺醤、しょうゆ、ねぎを加え、なじむまで炒める。
3. ピーマンの水けをしっかりきって器に盛り、2をのせる。花椒醤をかけ、ピーナッツバターを添える。

{ 老騾子 朝天 花椒醬（ラオルオズ チャオティエン ホアジャオジャン）
サクサクの唐辛子をベースにした、具入りのラー油。山椒のストレートな辛さが魅力。代わりに「食べるラー油」でもOK。／カルディコーヒーファーム }

🍷 相性のいいお酒／
ビール　ワイン（赤、オレンジ）
ハイボール

カリカリ豚とルッコラのサラダ

カリッと炒めた豚バラと一緒に食べると葉野菜のサラダがたまらない逸品に

● 材料（2人分）
豚バラ薄切り肉 … 100g
ルッコラ … 1袋（50g）
ミニトマト … 4〜5個

A ｜ 昆布ポン酢、オリーブ油 … 各大さじ1
　｜ レモン汁 … 小さじ1

● 作り方
1. ルッコラは3〜4cm長さに切り、ミニトマトは半分に切る。豚肉は5cm幅に切る。Aは混ぜ合わせる。
2. フライパンに豚肉を入れて中火にかけ、カリカリになるまで炒める。
3. 器にルッコラ、ミニトマトを盛り、2をのせ、Aをかける。

相性のいいお酒／
ビール　ワイン（泡、白）　ハイボール

Part 2 ── 肉、魚介、卵、豆腐の酒肴／肉

もりもり豚しゃぶサラダ

やわらかな豚しゃぶと
たっぷりの野菜を
エスニックだれで味わう

● 材料（2人分）
豚肩ロースしゃぶしゃぶ用肉 … 100g
サラダセロリ（またはパクチー）… 30g
赤パプリカ … 小1/4個（40g）
紫玉ねぎ … 大1/4個（70g）
きくらげ（乾燥・細切り）… 2g
A ┌ ナンプラー … 大さじ1
　│ 砂糖（あればてんさい糖）、
　└ レモン汁 … 各小さじ1
フライドオニオン … 適量

● 作り方
1. きくらげは水で戻し、熱湯でさっとゆでて湯をきる。サラダセロリは3～4cm長さに切り、パプリカは縦薄切りにする。紫玉ねぎは薄切りにする。
2. フライパンに湯を沸かして火を止め、豚肉を2～3枚ずつ入れ、火が通ったらペーパータオルを敷いたバットに取り出し、粗熱をとる。
3. Aは混ぜ合わせる。
4. ボウルに1、2、3を入れ、和える。器に盛り、フライドオニオンを散らす。

⌒ 持ち寄りOK
🍶 相性のいいお酒／
　ビール　ワイン（泡、オレンジ）　ハイボール

ズッキーニプルコギ

パンチのあるピリ辛だれで少し淡泊なズッキーニが呑めるつまみに

Part 2 ― 肉、魚介、卵、豆腐の酒肴／肉

● 材料（2人分）
牛こま切れ肉 … 150g
ズッキーニ … 1本（200g）
A ┌ 酒、しょうゆ … 各大さじ2
　│ コチュジャン … 小さじ2
　│ 砂糖（あればてんさい糖）
　│ 　… 小さじ1
　└ おろしにんにく … 少々
ごま油 … 大さじ1
白いりごま … 小さじ1
糸唐辛子 … 適量

● 作り方
1. ボウルに牛肉を入れ、Aを加えてもみ込む。
2. ズッキーニは長さを3等分に切り、縦半分に切って縦1cm幅に切る。
3. フライパンにごま油を中火で熱し、ズッキーニを炒める。全体に油がまわったら端に寄せ、空いているところに1を入れ、炒める。肉の色が変わったら、全体をさっと炒め合わせる。
4. 器に盛り、白ごまをふって糸唐辛子をのせる。

持ち寄りOK　相性のいいお酒／ビール　ワイン（赤、オレンジ）　ハイボール

ささ身とキムチのコチュマヨサラダ

キムチとコチュジャンマヨソースで辛みがありつつ、コクのあるうまみも感じる

● 材料（2人分）
鶏ささ身 … 1本（50g）
白菜キムチ … 50g
きゅうり … 1本
サニーレタス … 2枚
小ねぎ … 1本
A ┌ マヨネーズ … 大さじ1
　└ コチュジャン … 小さじ1
韓国のり … 適量

[コルネの作り方]
オーブンシートを直角三角形に切り、直角部分が絞り口になるようにして下にする。短いほうの一辺からくるくる巻き、巻き終わったら、上に飛び出た部分を内側に折り込んで固定する。

● 作り方
1. 小鍋にささ身を入れ、かぶるくらいの水を注ぐ。中火にかけ、沸騰したらふたをして火を止める。そのまま10分おき、余熱で火を通す。
2. きゅうりは縦半分に切って斜め薄切りにし、小ねぎは小口切りにする。サニーレタスは一口大にちぎる。
3. Aは混ぜ合わせ、コルネ（左記参照）に入れる。
4. 器にサニーレタス、きゅうり、キムチを順に盛り、1のささ身を食べやすく裂いてのせる。3の先端を少し切り落として絞り、小ねぎと、韓国のりをちぎって散らす。

相性のいいお酒／ビール　ワイン（白、赤、オレンジ）　ハイボール

Part 2 ── 肉、魚介、卵、豆腐の酒肴／肉

とろとろなすの梅ドレ豚しゃぶ

レンチン仕上げの蒸しなすが驚くほどやわらか。
皮もカリッと炒めてトッピングに

● 材料（2人分）
豚肩ロースしゃぶしゃぶ用肉
　…80g
なす … 小4本（250g）
みょうが … 1個
梅干し … 1個
A ┌ めんつゆ（4倍濃縮）
　│　　… 大さじ1
　└ 水 … 大さじ2
オリーブ油 … 適量

持ち寄りOK
相性のいいお酒／
　ビール　ワイン（赤、ロゼ）
　ハイボール

● 作り方

1. なすはピーラーで皮をむいて（皮は取っておく）1本ずつラップで包み、電子レンジで4分加熱する。ラップをつけたまま氷水に入れ、冷ます。
2. なすの皮は1cm四方に切る。みょうがは小口切りにする。
3. 梅干しは種を除いて包丁でたたき、Aを加えて混ぜる。
4. フライパンに湯を沸かして火を止め、豚肉を2〜3枚ずつ入れ、火が通ったらペーパータオルを敷いたバットに取り出し、粗熱をとる。
5. フライパンの水けを拭き、オリーブ油小さじ1を中火で熱し、なすの皮を火が通るまで炒める。
6. 1のなすの水けを拭き、食べやすく裂いて器に並べる。4、5を順にのせて3をかけ、みょうがを散らし、オリーブ油適量をかける。

新玉砂肝コチュポン

砂肝のコリッとしたかみごたえがたまらない！絶品の保証付き

● 材料（2人分）
- 砂肝 … 150g
- 新玉ねぎ … 小1個（120g）
- 小ねぎ … 3本
- にんにく … 1片
- 酒 … 少々
- A
  - 昆布ポン酢 … 大さじ4
  - ごま油 … 大さじ1
  - コチュジャン … 小さじ2
  - 燃辛唐辛子 … 少々
- ごま油、白いりごま … 各小さじ1

🥄 持ち寄りOK
🍶 相性のいいお酒／ビール　ハイボール　日本酒　焼酎

● 作り方

1. 砂肝は半分に切り、銀皮を取って薄切りにする。鍋に湯を沸かして酒を入れ、砂肝を加えて5分ゆでる。湯をきり、粗熱をとる。
2. 新玉ねぎは縦半分に切り、スライサーで薄切りにする。小ねぎは小口切りに、にんにくはみじん切りにする。
3. ボウルにAを入れて混ぜ、新玉ねぎ、小ねぎ、砂肝を加える。
4. フライパンにごま油、にんにくを入れて中火にかけ、色づいたら油ごと3に加え、和える。器に盛り、白ごまをふる。

燃辛唐辛子

世界中から厳選した唐辛子5種類をブレンド。激辛好きの好奇心をくすぐる燃えるような辛さと、唐辛子本来のうまさが特徴。／エスビー食品

Part 2 ── 肉、魚介、卵、豆腐の酒肴／肉

スモークタンとセロリ、青唐辛子のサラダ

青唐辛子の鼻に抜ける爽やかな風味と辛みが美味しさのヒミツ

●材料（2人分）
スモークタン（薄切り）…60g
セロリ…1本（100g）
青唐辛子…5本（好みの量でOK）
きゅうり…1本
A ┃ 塩昆布、薄口しょうゆ、ごま油…各小さじ1
　 ┃ おろしにんにく、レモン汁…各少々

●作り方
1. セロリは筋を取って5㎝長さのせん切りにする。葉はざく切りにする。青唐辛子、きゅうりはそれぞれ縦半分に切って斜め薄切りにする。タンは1㎝幅に切る。
2. Aは混ぜ合わせる。
3. ボウルに1を入れて2を加え、和える。

持ち寄りOK

相性のいいお酒／ビール　ワイン（白）　ハイボール　焼酎

豚しゃぶともやしの梅ザーサイ和え

ザーサイと梅の相性のよさは格別。
本格味だけど、コスパもいい。

Part 2 ― 肉、魚介、卵、豆腐の酒肴／肉

● 材料（2人分）
- 豚肩ロースしゃぶしゃぶ用肉 … 100g
- もやし … 1袋（200g）
- えのき … 1/2袋（50g）
- ザーサイ（味つき） … 20g
- 梅干し … 1個
- A
  - 昆布ポン酢 … 大さじ2
  - ごま油 … 小さじ2

● 作り方
1. えのきは長さを3等分に切ってほぐす。耐熱ボウルに入れてもやしを加え、ラップをかけて電子レンジで4分加熱し、粗熱をとる。
2. フライパンに湯を沸かして火を止め、豚肉を2〜3枚ずつ入れ、火が通ったらペーパータオルを敷いたバットに取り出し、粗熱をとる。
3. ザーサイは細切りにし、梅干しは種を除いて包丁でたたく。別のボウルに入れ、Aを加えて混ぜる。
4. 1の水けを拭いて2、3を加え、和える。

持ち寄りOK

相性のいいお酒／
ビール　ワイン（白、ロゼ）
ハイボール　日本酒　焼酎

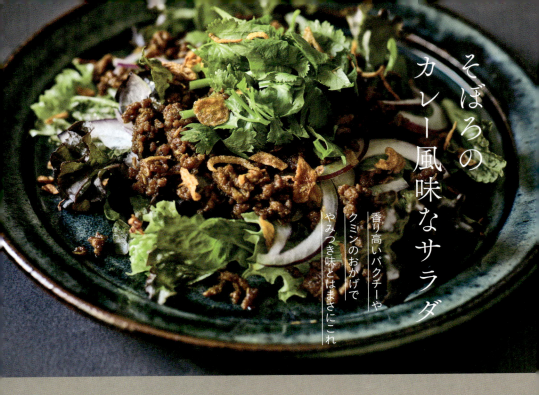

そぼろのカレー風味なサラダ

香り高いパクチーや
クミンのおかげで
やみつき味とはまさにこれ

● 材料（2人分）
合いびき肉 … 100g
サニーレタス … 3枚
紫玉ねぎ … 1/4個（50g）
パクチー … 40g
おろしにんにく … 小さじ1/2
クミンシード … 小さじ1
A ┌ カレー粉、酒、しょうゆ
　│　　… 各大さじ1
　│ 砂糖（あればてんさい糖）
　└　　… 小さじ2
フライドオニオン … 適量

● 作り方
1. サニーレタスは一口大にちぎり、紫玉ねぎは薄切りにする。パクチーは1〜2cm長さに切る。
2. フライパンにひき肉を入れて中火にかけ、色が変わるまで炒める。にんにく、クミンシードを加え、香りが立つまで炒める。Aを加え、全体になじむまで炒める。
3. 器にサニーレタス、紫玉ねぎ、2、パクチーを順に盛り、フライドオニオンをふる。

相性のいいお酒 ／ ビール　ワイン（赤、オレンジ）　ハイボール

● 材料（2人分）
帆立貝柱（刺し身用）… 3個（60g）
オクラ … 3本
ミニトマト … 4個
カザレッチャ … 70g
塩 … 適量
バター … 5g

A ┃ オリーブ油 … 大さじ1
　 ┃ ゆかり、めんつゆ（4倍濃縮）
　 ┃ 　… 各小さじ1

● 作り方
1. オクラは塩適量をふってまな板の上で転がし、うぶ毛を取って洗う。ミニトマトは八つ割りにして横半分に切る。帆立貝柱は塩少々をふり、水けが出てきたら拭き取り、1cm角に切る。
2. 鍋に湯を沸かして塩少々を入れ、カザレッチャ、オクラを加えてゆでる。オクラは1分したら取り出し、冷水にさらして冷ます。カザレッチャは袋の表示通りにゆで、湯をきる。
3. オクラは小口切りにする。
4. 大きめの耐熱ボウルにバターを入れ、ラップをかけずに電子レンジで20秒加熱して溶かす。Aを加えて混ぜ、カザレッチャ、帆立、オクラ、ミニトマトを加えて和える。

モンスーロ カザレッチャ
断面がS字の形をした、イタリアのショートパスタ。ソースのからみがよく、もちもちとした食感が特徴。なければ好みのショートパスタでもOK。／カルディコーヒーファーム

相性のいいお酒／ワイン（泡、白）　ハイボール

Part 2 ── 肉、魚介、卵、豆腐の酒肴／魚介

帆立と彩り野菜の
スパサラ

バターのコクに、赤じその爽やかさが漂う。
細めのショートパスタを使うと、上品な印象に

つぶ貝とみょうがののりドレ

コリコリのつぶ貝を柚子こしょうの香りとのりの磯風味で満喫

Part 2 ── 肉、魚介、卵、豆腐の酒肴／魚介

● 材料（2人分）
つぶ貝（むき身・下処理済み・刺し身用）… 2個（50g）
みょうが… 2個
貝割れ菜… 1パック
A ┃ のりの佃煮、カンタン酢 … 各大さじ1
　┃ 米酢… 小さじ2
　┃ 太白ごま油… 小さじ1
　┃ 柚子こしょう… 小さじ1/3

● 作り方
1. みょうがは縦半分に切ってせん切りにし、貝割れ菜は長さを半分に切る。ともに氷水にさらし、水けをしっかりきる。つぶ貝は薄切りにする。
2. Aは混ぜ合わせる。
3. 1をざっくり混ぜてから器に盛り、2をかける。

相性のいいお酒／ビール　ハイボール　日本酒　焼酎

鯛のセビーチェ

ペルーの魚介マリネをアレンジ。
ピリ辛で酸味のある味わいが魅力。

● 材料（2人分）
鯛（刺し身用）… 100g
紫玉ねぎ … 1/4個（50g）
ピーマン … 1個
サラダセロリ（またはセロリの葉）
… 20g
ミニトマト … 4個
A
- ライムの搾り汁 … 1/6個分
- グリーンハバネロソース
    … 大さじ1
- レモン汁、薄口しょうゆ、
  カンタン酢、オリーブ油
    … 各小さじ1
- クミンパウダー … 少々

● 作り方
1. 紫玉ねぎ、ピーマンはみじん切りにする。サラダセロリは長さを3等分に切る。ミニトマトは八つ割りにして横半分に切る。鯛は1cm四方に切る。
2. ボウルにAを入れて混ぜ、1を加えて和える。

ハバネロソース
グリーンホット（中辛）

グリーンハバネロと食用サボテンを使用したホットソース。レッドハバネロソースとはひと味違う辛みが特徴。／マリーシャープス

🍷 相性のいいお酒／ビール　ワイン（泡、白、ロゼ）　ハイボール

イカのねぎまみれ

さっと熱湯をかけ、プリッとした食感に。ダブルのねぎで香り高く

● 材料（2人分）
イカの胴（皮なし・刺し身用） … 80g
小ねぎ … 4〜5本
長ねぎ … 3cm
A ┃ ごま油 … 大さじ1
　┃ しょうゆ … 小さじ1
　┃ おろし生姜 … 小さじ1/2
　┃ 鶏ガラスープの素 … 小さじ1/4
　┃ 岩塩、こしょう … 各少々
白いりごま … 小さじ1

● 作り方
1. イカは5〜6cm長さの細切りにする。ざるに入れ、熱湯をさっとかけ（完全に火を入れずに半生にする）、水けをきる。
2. 小ねぎは1cm長さに切り、長ねぎはみじん切りにする。
3. ボウルにAを入れて混ぜ、1、2、白ごまを加えて和える。

相性のいいお酒／ビール　ワイン（白）　ハイボール　日本酒　焼酎

Part 2 ── 肉、魚介、卵、豆腐の酒肴／魚介

エビときゅうりの プチプチサラダ

とびっこやがりを加え、プチプチ感や酸味の足し算を

● 材料（2人分）
ボイルエビ … 4〜5尾（40g）
とびっこ … 60g
きゅうり … 2本
新生姜の甘酢漬け … 30g
A ┌ マヨネーズ … 大さじ1
  └ 岩塩、こしょう … 各少々
白いりごま … 小さじ1

● 作り方
1. きゅうりは5cm長さのせん切りにする。新生姜は薄切りにして5mm幅に切る。エビは厚みを半分に切る。
2. ボウルに1、とびっこの半量、Aを入れ、和える。
3. 器に盛り、白ごまをふり、残りのとびっこをのせる。

相性のいいお酒／ビール　ワイン（オレンジ）　ハイボール

079

Part 2 ―― 肉、魚介、卵、豆腐の酒肴／魚介

長芋は極薄にして"シャキねば感"を手に入れる

まぐろのたたきと長芋のガーリックポン酢和え

● 材料（2人分）
まぐろ（赤身・刺し身用）
… 100g
長芋 … 100g
にんにく … 大1片
青じそ … 10枚
A｜ 昆布ポン酢 … 大さじ2
　｜ 練りわさび（チューブ）
　｜　… 1㎝
太白ごま油 … 大さじ1

🍷 相性のいいお酒 ／
　ビール　ワイン（白、オレンジ）
　ハイボール　日本酒　焼酎

● 作り方
1　長芋はスライサーで薄い輪切りにする。にんにくは横薄切りにし、芽を取る。青じそはせん切りにする。
2　Aは混ぜ合わせる。
3　フライパンに太白ごま油、にんにくを入れて中火にかけ、色づいたらにんにくを取り出す。
4　続けてまぐろを入れ、中火で表面をさっと焼く。取り出し、薄切りにする。
5　器に長芋とまぐろを交互に重ねながら盛り、2をかける。3のにんにくを散らし、青じそをのせる。

青じそもりもり タコの梅サラダ

青じそと梅干しの爽やかな風合いが
タコと大根に驚くほどよく合う

Part 2 ── 肉／魚介／卵／豆腐の酒肴／魚介

● 材料（2人分）
ゆでダコ（刺し身用）… 80g
大根 … 200g
青じそ … 12枚
梅干し … 1個
塩昆布 … 小さじ1
A ┌ 昆布ポン酢 … 大さじ2
　├ 太白ごま油 … 大さじ1
　└ 白いりごま … 小さじ1

● 作り方
1. 大根は4〜5cm長さのせん切りにし、水にさらして水けをしっかりきる。青じそはせん切りにする。タコは薄切りにする。
2. 梅干しは種を除いて包丁でたたき、塩昆布はみじん切りにし、**A**を加えて混ぜる。
3. ボウルに大根、タコと、青じその半量を入れてさっくりと混ぜる。器に盛って**2**をかけ、残りの青じそをのせる。

🍶 相性のいいお酒／ビール　ワイン（軽めの赤、ロゼ）　ハイボール　日本酒　焼酎

082

エビとアボカドのスイートチリマヨ

エビとアボカドという最強の組み合わせにパクチーのアクセントがききまくり!

● 材料(2人分)
ボイルエビ … 5〜6尾(60g)
アボカド … 1個
紫玉ねぎ … 小1/4個(40g)
パクチー … 40g
A ┃ スイートチリソース、
　┃ 　マヨネーズ … 各大さじ1
　┃ ふ〜塩 … ひとつまみ
　┃ レモン汁 … 少々

● 作り方
1. エビは一口大に切る。アボカドは縦半分に切って一口大に切る。紫玉ねぎはみじん切りにし、パクチーは1〜2cm長さに切る。
2. Aは混ぜ合わせる。
3. ボウルにエビ、アボカド、紫玉ねぎ、2を入れ、和える。器に盛り、パクチーをのせる。

相性のいいお酒／ビール　ワイン(白、オレンジ)　ハイボール

Part 2 ──── 肉・魚介、卵、豆腐の酒肴／卵

● 材料（2人分）

卵 … 2個

ブロッコリー … 1/2 個（150g）

ベーコン（ブロック）… 50g

バゲット … 3〜4 枚

オリーブ油 … 小さじ 1

A
マヨネーズ … 大さじ 2
粉チーズ、カンタン酢 … 各大さじ 1
おろしにんにく … 小さじ 1/2
岩塩 … ひとつまみ

粗びき黒こしょう … 適量

▼ 相性のいいお酒／
　 ビール　ワイン（泡、白）　ハイボール

● 作り方

1　小鍋に湯を沸かし、冷蔵庫から出したての卵をそっと入れて7分ゆでる。氷水で冷まし、殻をむいて横半分に切る。

2　ブロッコリーは小房に分け、耐熱ボウルに入れる。ラップをかけ、電子レンジで3分加熱する。

3　ベーコンは5mm四方の棒状に切る。フライパンにオリーブ油を中火で熱し、ベーコンを焼き色がつくまで炒める。

4　バゲットは1cm角に切り、オーブントースターでカリッとするまで焼く。

5　Aは混ぜ合わせる。

6　器に2、3、4を盛ってゆで卵をのせ、5をかけて黒こしょうをふる。

自家製シーザードレッシングなら間違いのないコクうまサラダに

ゆで卵とブロッコリーのシーザーサラダ

キャベツとパセリの卵サラダ

卵と塩昆布、パセリの相性がよすぎて一口食べると止まらなくなる

Part 2 ― 魚介、卵、豆腐の酒肴／卵

● 材料（2人分）
卵 … 1個
キャベツ … 1/6個（180g）
パセリ … 10g
ベーコン（ハーフ） … 5枚（40g）
塩昆布 … 小さじ1
オリーブ油 … 小さじ1
A [マヨネーズ … 大さじ2
    らっきょう酢 … 大さじ1]

🍶 相性のいいお酒／
　ビール　ワイン（白、オレンジ）
　ハイボール

● 作り方
1. 小鍋に湯を沸かし、冷蔵庫から出したての卵をそっと入れて7分ゆでる。氷水で冷まし、殻をむく。
2. キャベツはせん切りにし、パセリは粗みじん切りにする。ともにボウルに入れ、塩昆布を加えて混ぜる。
3. ベーコンは5mm幅に切る。フライパンにオリーブ油を中火で熱し、ベーコンをカリカリになるまで炒め、2に加える。
4. ゆで卵を4等分に割って加え、Aも加えて和える。

とろ〜り卵とオクラのアヒージョ風味

本物のアヒージョよりもオイリーじゃないからペロリといける

● 材料（2人分）
卵 … 1個
オクラ … 10本
しらす干し … 20g
にんにく … 1片
赤唐辛子（小口切り）… 少々
オリーブ油 … 大さじ2
岩塩 … ひとつまみ

🍷 相性のいいお酒／
　ビール　ワイン（白、オレンジ）
　ハイボール

● 作り方
1. オクラは塩適量（分量外）をふってまな板の上で転がし、うぶ毛を取って洗い、斜め半分に切る。耐熱ボウルに入れ、ラップをかけて電子レンジで1分加熱し、器に盛る。
2. にんにくは横薄切りにし、芽を取る。
3. フライパンにオリーブ油を中火で熱し、にんにく、しらす干し、赤唐辛子を入れる。油がシュワシュワしたら卵を割り入れ、岩塩をふる。卵が半熟状になったら1のオクラにのせ、フライパンに残ったにんにくやしらす、赤唐辛子も油ごとかける。

卵のとろとろ感と
スナップえんどうの香ばしさを
同時に堪能して

焼きスナップえんどうのスクランブルエッグのせ

Part 2 ── 肉、魚介、卵、豆腐の酒肴／卵

● 材料（2人分）
卵 … 1個
スナップえんどう … 100g
ピザ用チーズ … 30g
オリーブ油 … 小さじ1
岩塩 … 適量
バター … 5g
粗びき黒こしょう … 適量

● 作り方
1　スナップえんどうはへたと筋を取り、斜め半分に切る。卵は溶きほぐす。
2　フライパンにオリーブ油を中火で熱し、スナップえんどうを入れて岩塩少々をふり、焼き色がつくまで上下を返しながら焼き、器に盛る。
3　続けてフライパンにバターを中火で溶かし、卵を入れてピザ用チーズ、岩塩少々を加え、混ぜながらとろとろのスクランブルエッグにする。2 にのせ、黒こしょうをふる。

🍷 相性のいいお酒 ／ ビール　ワイン（白）　ハイボール

豆腐とトマトのサンラータン風味

Part 2

サンラータン特有の"酸っぱ辛い"味わいは
意外にもワインと好バランス

肉、魚介、卵、豆腐の酒肴／豆腐

● 材料（2人分）
絹ごし豆腐 … 150g
卵 … 1個
トマト … 1個（150g）
小ねぎ … 1本

A
　白だし … 大さじ2
　酢 … 大さじ2
　片栗粉 … 大さじ1
　しょうゆ … 小さじ1

花椒醤（P.62・またはラー油）
　… 適量

● 作り方

1　豆腐は4等分（縦横半分）に切る。トマトは一口大の乱切りにし、小ねぎは小口切りにする。卵は溶きほぐす。

2　鍋に水350㎖、Aを入れてよく混ぜ、中火にかける。トマト、豆腐を加え、豆腐がくずれないようにやさしく混ぜながら煮る。煮立ったら卵を回し入れ、卵がふんわりするまで煮る。

3　器に盛って小ねぎを散らし、花椒醤をかける。

🍷 相性のいいお酒／
　ビール
　ワイン（白、ロゼ、オレンジ）
　ハイボール

プロが使う味 白だし

昆布とかつおの合わせだしに、地鶏の鶏ガラのコクとうまみをプラス。かけうどんに使用する場合の希釈倍率が10倍の高濃縮タイプ。／ミツカン

とろとろもずく豆腐

スルスルと入る のどごしが楽しいし、 香味野菜のアクセントも絶妙

● 材料（2人分）
絹ごし豆腐…150g
もずく（味つき）
　…2パック（150g）
みょうが…2個
生姜…1/2かけ
長芋…50g
昆布ポン酢…小さじ2

● 作り方
1. 豆腐は4等分（縦横半分）に切る。みょうがは小口切りにし、生姜はせん切りにする。長芋はスライサーでせん切りにする。
2. ボウルに豆腐、長芋、もずくを汁ごとと、昆布ポン酢を入れ、泡立たないようにやさしく混ぜる。
3. 器に盛り、生姜、みょうがをのせる。

🍶相性のいいお酒／
　ビール　ワイン（白）　ハイボール

あっさりとした豆腐には
くせのないカッテージチーズがバランスよし

トマトとチーズの豆腐サラダ

Part 2

肉、魚介、卵、豆腐の酒肴／豆腐

● 材料（2人分）

木綿豆腐 … 150g
カッテージチーズ … 80g
ミニトマト … 2〜3個
青じそ … 3枚

A {
オリーブ油 … 大さじ1
レモン汁 … 小さじ1
おろしにんにく … 小さじ1/3
ふ〜塩 … ひとつまみ
}

粗びき黒こしょう … 適量

● 作り方

1. 豆腐は重しをのせて水きりをする。ミニトマトは四つ割りにし、青じそはせん切りにする。
2. Aは混ぜ合わせる。
3. 豆腐を一口大にちぎって器に盛り、ミニトマト、カッテージチーズを散らす。2をかけて青じそをのせ、黒こしょうをふる。

🍶 相性のいいお酒／ビール　ワイン（白）　ハイボール

092

おぼろ豆腐豆乳サラダ

ほわほわやわらかな豆腐を具や汁の味や食感で変化をつけて味わう

- 材料（2人分）
  - おぼろ豆腐 … 250g
  - 鶏ささ身 … 1本（50g）
  - オクラ … 2本
  - 小ねぎ … 2本
  - ブロッコリースプラウト … 20g
  - A
    - 調整豆乳 … 大さじ2
    - 白すりごま、めんつゆ（4倍濃縮） … 各大さじ1
  - ラー油 … 適量

- 作り方
  1. 小鍋にささ身を入れ、かぶるくらいの水を注ぐ。中火にかけ、沸騰したらふたをして火を止める。そのまま10分おき、余熱で火を通す。
  2. オクラは塩適量（分量外）をふってまな板の上で転がし、うぶ毛を取って洗う。ラップで包み、電子レンジで20秒加熱する。粗熱がとれたら小口切りにする。
  3. 小ねぎは小口切りにする。Aは混ぜ合わせる。
  4. 器に豆腐をスプーンで大きめにすくって入れ、1のささ身を裂いてのせる。オクラ、スプラウト、小ねぎものせてA、ラー油をかける。

🍷 相性のいいお酒／
ビール　ワイン（白、オレンジ）
ハイボール　日本酒　焼酎

Column つまみになるポテトサラダ 7選

おつまみとしても人気のポテトサラダを、さらに抜群のアテに進化させちゃいました。合わせる食材や盛り方など、KANOSALA流のポイントがたっぷり詰まっています。

クレソンのポテサラ ウフマヨのせ

● 材料（2人分）
じゃが芋 … 2個（250g）
クレソン … 1束（40g）
卵 … 1個
にんにく … 1片
ベーコン（ブロック）… 40g

A
　マヨネーズ … 大さじ1
　生クリーム、
　　オリーブ油 … 各小さじ1
　はちみつ … 小さじ1/2
　ふ〜塩 … 少々

オリーブ油 … 小さじ1
岩塩 … ふたつまみ
粗びき黒こしょう … 少々
マヨネーズ … 大さじ1
（ふつうの）胡椒 … 適量

● 作り方

1. じゃが芋は一口大に切って耐熱ボウルに入れ、ぬらしたペーパータオルをかぶせてラップをかける。電子レンジでやわらかくなるまで4〜5分加熱し、マッシャーなどで潰す。

2. 小鍋に湯を沸かし、冷蔵庫から出したての卵をそっと入れて6分30秒ゆでる。氷水で冷まし、殻をむく。

3. クレソンは1cm幅に切り、茎と葉に分ける。にんにくはみじん切りにし、ベーコンは7〜8mm角に切る。Aは混ぜ合わせる。

4. フライパンにオリーブ油、にんにくを入れて中火にかけ、香りが立ったらベーコンを加えて炒める。少しカリカリになったらクレソンの茎、葉の順に加え、岩塩、黒こしょうをふってさっと炒める。

5. 1に加え、マヨネーズも加えて混ぜる。器に盛ってゆで卵をのせ、Aをかけ、（ふつうの）胡椒（なければ粗びき黒こしょうでOK）をのせる。

{ （ふつうの）胡椒 }
生の黒こしょうを魚醤やはちみつなどに漬け込み、辛みの角を取ってやさしい味わいに。うまみたっぷりで、そのまま食べられる。／（ふつうの）ショップ

相性のいいお酒 ／ ビール　ワイン（白、ロゼ、オレンジ）　ハイボール

ゆで卵にマヨソースをかけた"ウフマヨ"を
ポテサラにからめて食べると最高！

Column

クリーミーなチーズにつられて
ついついお酒が進む

のり塩カリカリポテサラ
⟶ 作り方はP.98

にんにくのきいた甘めのそぼろと
ほろ苦セロリがベストマッチ

セロリとひき肉のポテサラ
⟶ 作り方はP.98

お酒のアテになる
漬け物と明太子の名コンビ

高菜明太ポテサラ

⟶ 作り方はP.99

トムヤムポテサラ

⟶ 作り方はP.99

タイのペーストを使って
アジアンテイストに

Column

のり塩カリカリポテサラ

● 材料（2人分）
じゃが芋 … 2個（250g）
クリームチーズ … 小2個（約30g）
冷凍枝豆（解凍してさやから出す）
　… 40g
生ハム … 1〜2枚
　┌ マヨネーズ … 大さじ2
A │ 青のり … 小さじ1
　└ 岩塩 … 少々
お茶漬けあられ（P.35）
　… 小さじ1
⌇◯ 持ち寄りOK
🍸 相性のいいお酒 ／ ビール　ワイン（白、ロゼ）　ハイボール

● 作り方

1　じゃが芋は一口大に切って耐熱ボウルに入れ、ぬらしたペーパータオルをかぶせてラップをかける。電子レンジでやわらかくなるまで4〜5分加熱し、マッシャーなどで潰す。

2　粗熱がとれたら枝豆、Aを加え、混ぜる。クリームチーズを加え、ざっくりと混ぜる。

3　器に盛って生ハムを添え、お茶漬けあられを散らす。

セロリとひき肉のポテサラ

● 材料（2人分）
じゃが芋 … 2個（250g）
セロリ … 150g
合いびき肉 … 100g
おろしにんにく … 小さじ1/2
岩塩、粗びき黒こしょう … 各少々
　┌ 砂糖（あればてんさい糖）、酒
A │ 　　… 各大さじ1
　└ しょうゆ … 小さじ2
マヨネーズ … 大さじ2

⌇◯ 持ち寄りOK
🍸 相性のいいお酒 ／
　ビール　ワイン（白、ロゼ、オレンジ）
　ハイボール

● 作り方

1　じゃが芋は一口大に切って耐熱ボウルに入れ、ぬらしたペーパータオルをかぶせてラップをかける。電子レンジでやわらかくなるまで4〜5分加熱し、マッシャーなどで潰す。

2　セロリは筋を取り、茎は薄切りにし、葉は細かく切る。1に加え、岩塩、黒こしょうをふる。

3　フライパンにひき肉を入れて中火にかけ、にんにくを加えて肉の色が変わるまで炒める。出てきた脂を軽く拭き取り、Aを加えて炒め合わせる。

4　2に加え、マヨネーズも加えて混ぜる。

高菜明太ポテサラ

● 材料（2人分）
じゃが芋 … 2個（250g）
辛子明太子 … 30g
高菜漬け … 60g
にんにく … 1片
オリーブ油 … 小さじ1

A ┌ マヨネーズ … 大さじ3
　│ 岩塩、こしょう
　└ … 各ひとつまみ

⟜ 持ち寄りOK

♟ 相性のいいお酒 ／
　ビール　ハイボール　日本酒　焼酎

● 作り方

1　じゃが芋は一口大に切って耐熱ボウルに入れ、ぬらしたペーパータオルをかぶせてラップをかける。電子レンジでやわらかくなるまで4〜5分加熱し、マッシャーなどで潰す。

2　辛子明太子は薄皮を取る。高菜漬けは大きければ刻む。にんにくはみじん切りにする。

3　フライパンにオリーブ油、にんにくを入れて中火にかけ、少し色づいてきたら高菜漬けを加え、さっと炒める。1に加え、Aも加えて混ぜる。器に盛り、明太子をのせる。

トムヤムポテサラ

● 材料（2人分）
じゃが芋 … 2個（250g）
ハム … 4枚
紫玉ねぎ … 小1/4個（40g）
パクチー … 20g

A ┌ マヨネーズ … 大さじ3
　│ トムヤムペースト（P.123）
　└ … 小さじ1
フライドオニオン … 適量

⟜ 持ち寄りOK

♟ 相性のいいお酒 ／
　ビール　ワイン（白、オレンジ）
　ハイボール

● 作り方

1　じゃが芋は一口大に切って耐熱ボウルに入れ、ぬらしたペーパータオルをかぶせてラップをかける。電子レンジでやわらかくなるまで4〜5分加熱し、マッシャーなどで潰す。

2　ハムは半分に切って5mm幅に切る。紫玉ねぎは薄切りにし、パクチーは2cm長さに切る。

3　1にハム、紫玉ねぎ、Aを加えて混ぜる。器に盛り、パクチー、フライドオニオンをふる。

Column

長芋の軽やかな味わいが
あとを引く

ねっとりとした舌ざわりと
カリカリ食感の楽しいコラボ

長芋とザーサイのポテサラ

● 材料（2人分）

長芋 … 150g
ザーサイ（味つき）… 40g
ハム … 2枚
小ねぎ … 1本
A ｛マヨネーズ … 大さじ1
　 岩塩、こしょう … 各少々
刻みのり、ラー油 … 各適量

持ち寄りOK

● 作り方

1 長芋は1cm厚さの輪切りにし、耐熱ボウルに入れる。ラップをかけ、電子レンジで5分加熱し、マッシャーなどで潰す。

2 ザーサイは粗みじん切りにし、ハムは5mm四方に切る。小ねぎは小口切りにする。

3 **1**にザーサイ、ハム、**A**を加え、混ぜる。器に盛って小ねぎを散らし、刻みのりをのせてラー油をかける。

相性のいいお酒 ／ ビール　ワイン（軽めの赤、ロゼ、オレンジ）　ハイボール　日本酒

カリカリごぼうと里芋のポテサラ

● 材料（2人分）

冷凍里芋 … 230g
鶏ひき肉 … 60g
ごぼう … 70g
A ｛酒 … 大さじ1
　 砂糖（あればてんさい糖）、
　 　みそ … 各小さじ2
太白ごま油 … 適量
マヨネーズ … 大さじ2
岩塩 … 少々

● 作り方

1 里芋は冷凍のまま耐熱ボウルに入れ、ラップをかける。電子レンジでやわらかくなるまで4〜5分加熱し、マッシャーなどで潰す。

2 ごぼうはピーラーで10cm程度の長さに薄く削り、水にさらして水けをしっかり拭く。

3 **A**は混ぜ合わせる。

4 フライパンに太白ごま油小さじ1を中火で熱し、ひき肉を色が変わるまで炒める。**3**を加え、全体になじむまで炒める。**1**に加え、マヨネーズも加えて混ぜ、器に盛る。

5 フライパンをきれいにし、太白ごま油大さじ2を中火で熱し、**2**を入れ、混ぜながらカリッとするまで焼く。油をきって岩塩をふり、**4**にのせる。

相性のいいお酒 ／
ビール　ワイン（オレンジ）
ハイボール　日本酒　焼酎

Part

3

KANOSALA

作りおき

もできる

酒肴

「疲れて何にもしたくない」なんて
ときに、美味しいつまみが冷蔵庫に
ストックしてあると、ココロが安心
します（笑）。とはいえ、作りおき
が毎日続くと飽きちゃうので、たく
さん作りおきはしません。そして、
ちょっとした空き時間に作れる手軽
さも必須！

Part 3 — 作りおきもできる酒肴

キャロットラペ

ひらひらのリボン状にすると味がよくからむ、パリッとした新食感に

食材プラスで手軽に味変！

ミックスドライフルーツ（粗みじん切り） × ミックスナッツ（粗みじん切り）

オレンジ（薄皮を取る） × クミンシード

カッテージチーズ × 粗びき黒こしょう

● 材料（作りやすい分量）
にんじん … 2本（300g）
A ┌ カンタン酢 … 大さじ4
　├ オリーブ油 … 大さじ2
　└ クレイジーソルト … 小さじ1/4

● 作り方
1. にんじんは包丁で深めに縦に1cm間隔で切り目を入れ、ピーラーで縦に薄く削ってボウルに入れる。
2. Aを加え、あえる。
　→ 保存期間：2〜3日

🥄 持ち寄りOK

🍷 相性のいいお酒 ／
　ビール　ワイン（白、赤、ロゼ）
　ハイボール

Part 3 ──── 作りおきもできる酒肴

ポリポリ中華くらげサラダ

歯ごたえのいい食材のオンパレード。
できたてもいいけれど、味のしみた2日目も最高

106

● 材料（作りやすい分量）
大根 … 200g
きゅうり … 1本
にんじん … 1/3本（50g）
中華くらげ（味つき） … 100g
塩 … ひとつまみ
A ┃ 昆布ポン酢 … 大さじ1
　┃ ごま油 … 小さじ2
　┃ 鶏ガラスープの素 … 小さじ1/2
　┃ 白いりごま … 少々
糸唐辛子 … 適量

● 作り方
1. 大根は4〜5cm長さの細切りにする。きゅうりは長さを3等分に切って細切りにする。にんじんは細切りにする。
2. ボウルに入れて塩をまぶし、しんなりしたら水けをきる。中華くらげ、Aを加え、和える。
3. 器に盛り、糸唐辛子をのせる。
→ 保存期間：2〜3日

🥄 持ち寄りOK
🍷 相性のいいお酒／ビール　ワイン（白、オレンジ）ハイボール

● 材料（作りやすい分量）

ごぼう … 70g

れんこん … 70g

芽ひじき（乾燥）… 4g

鶏ささ身 … 1本（50g）

A
- マヨネーズ … 大さじ2
- 白練りごま … 小さじ2
- めんつゆ（4倍濃縮）… 小さじ1
- 白いりごま … 小さじ1/2
- 柚子こしょう … 少々

Part3 ─── 作りおきもできる酒肴

● 作り方

1 小鍋にささ身を入れ、かぶるくらいの水を注ぐ。中火にかけ、沸騰したらふたをして火を止める。そのまま10分おき、余熱で火を通す。

2 ごぼうはささがきにし、れんこんは薄い半月切りにし、ともに水にさらして水けをきる。耐熱ボウルに入れてラップをかけ、電子レンジで3〜4分加熱する。粗熱をとり、水けを拭く。

3 ひじきは水で戻してさっと洗い、水けをしっかりきる。Aは混ぜ合わせる。

4 2に1のささ身を裂いて加え、3も加えて和える。

→保存期間：2〜3日

── 持ち寄りOK　相性のいいお酒／ビール　ワイン（白）　ハイボール　日本酒　焼酎

ごまマヨネーズがコク満点。
まったりと具材にからみ
味もぼやけない

根菜とひじきの
ごまマヨサラダ

豆もやしのねぎ塩タンサラダ

かくし味のレモン汁が味を引き締め、すっきりとした後味に

Part 3 —— 作りおきもできる酒肴

● 材料（作りやすい分量）
スモークタン（薄切り）… 80g
豆もやし … 1袋（200g）
長ねぎ … 15cm
A ┌ ごま油 … 大さじ1
　├ 鶏ガラスープの素、
　│　レモン汁 … 各小さじ1
　└ 岩塩 … ひとつまみ
粗びき黒こしょう … 適量

● 作り方
1. 豆もやしは耐熱ボウルに入れ、ラップをかけて電子レンジで3〜4分加熱し、粗熱をとる。
2. 長ねぎはみじん切りにし、タンは5mm幅に切る。
3. 1の水けを拭いて2、Aを加え、和える。器に盛り、黒こしょうをふる。
　→ 保存期間：2〜3日

🥄 持ち寄りOK
🍶 相性のいいお酒／ビール　ワイン（白、オレンジ）　ハイボール　日本酒　焼酎

ミックスきのこのマリネ

うまみの相乗効果を狙い、4種のきのこをミックス。至福の味わい

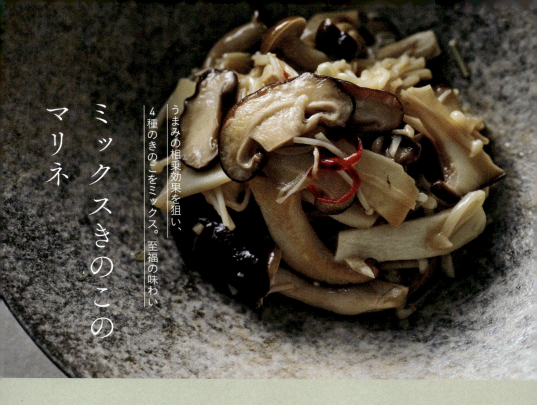

● 材料（作りやすい分量）
エリンギ … 1パック（100g）
えのき … 1袋（100g）
しめじ … 1パック（100g）
生しいたけ … 3枚
にんにく … 1片
赤唐辛子(小口切り) … 少々
オリーブ油 … 大さじ2
岩塩 … ひとつまみ
カンタン酢 … 大さじ4〜5

● 作り方
1. エリンギは長さを半分に切って縦薄切りにする。えのきは長さを半分に切り、しめじとともにほぐす。しいたけは3mm幅に切る。
2. にんにくはみじん切りにする。
3. フライパンにオリーブ油を中火で熱し、にんにく、赤唐辛子を入れる。香りが立ってきたら1を加え、さわらずに2分焼く。岩塩を加え、全体に焼き色がつくまで炒める。
4. ボウルに油ごと入れ、カンタン酢を加えて和える。
   *冷蔵庫で冷やすと、さらに美味しい。
   → 保存期間：2〜3日

持ち寄りOK
相性のいいお酒 ／ ビール　ワイン（白、赤、オレンジ）　ハイボール

Part 3 ── 作りおきもできる酒肴

セロリと生ハムのレモンマリネ

セロリが苦手だったISOが、気付いたら完食していた思い出のサラダ

○ 持ち寄りOK

♀ 相性のいいお酒 ／ ビール
ワイン（白、オレンジ） ハイボール

● 材料（作りやすい分量）
セロリの茎 … 100g
生ハム … 1枚（10g）
塩 … 少々

A
カンタン酢 … 大さじ2
オリーブ油 … 大さじ1
粒マスタード、レモン汁 … 各小さじ1
ふ〜塩 … ふたつまみ

● 作り方
1 セロリは筋を取り、斜め薄切りにする。ボウルに入れて塩をまぶし、しんなりしたら水けを拭く。
2 Aは混ぜ合わせる。
3 生ハムは食べやすくちぎって 1 に加え、2 も加えて和える。

→ 保存期間：2〜3日

コールスロー

ちょい甘めのマヨバージョンがうちの定番。好みでコーンやハムを加えても

○ 持ち寄りOK

♀ 相性のいいお酒 ／ ビール
ワイン（白、オレンジ） ハイボール

● 材料（作りやすい分量）
キャベツ … 1/5個（200g）
にんじん … 大1/3本（60g）
塩 … 少々

A
マヨネーズ … 大さじ3
らっきょう酢 … 大さじ2
はちみつ … 小さじ1

● 作り方
1 キャベツは1cm四方に切る。にんじんは粗みじん切りにする（みじん切りチョッパーを使うと早い。キャベツは細かくなりすぎるので包丁で）。
2 ともにボウルに入れて塩をまぶし、しんなりしたら水けをきる（絞らないように注意）。Aを加え、和える。

→ 保存期間：2〜3日

Part 3 ── 作りおきもできる酒肴

大根とハムのマスタードマヨサラダ

貝割れ菜のピリッとした辛みでメリハリを。
彩りもよくなり、仕上がりが美味しそう！

● 材料（作りやすい分量）
大根 … 150g
ハム … 4枚
貝割れ菜 … 1/2パック
塩 … ひとつまみ
A ┃ 粒マスタード … 小さじ2
　 ┃ マヨネーズ … 大さじ1

● 作り方
1. 大根は4〜5cm長さのせん切りにしてボウルに入れる。塩をまぶし、しんなりしたら水けをきり、さらに水けを拭く。
2. ハムは半分に切って細切りにする。貝割れ菜は長さを半分に切る。
3. 1に2、Aを加え、和える。
→ 保存期間：2〜3日

持ち寄りOK

相性のいいお酒／ビール　ワイン（白、ロゼ）　ハイボール

イカとズッキーニのカレーマリネ

スパイシーなカレー風味に酸味を程よくきかせて

● 材料（作りやすい分量）
イカ（下処理済み）… 90g
ズッキーニ … 1本（200g）
ミニトマト … 7個
A ┌ カンタン酢 … 大さじ2
　├ しょうゆ … 大さじ1
　└ カレー粉、粒マスタード
　　　… 各小さじ1
オリーブ油 … 小さじ1/2

● 作り方
1. イカは胴は皮つきのまま1cm幅の輪切りにし、足は食べやすい長さに切る。鍋に湯を沸かし、イカを入れて火を止め、ふたをして5分おく。ざるに上げ、湯をきる。
2. ズッキーニは1cm厚さの輪切りにする。
3. 大きめのボウルにAを入れ、混ぜる。
4. フライパンにオリーブ油を中火で熱し、ズッキーニ、ミニトマトを入れ、時々上下を返しながら、ズッキーニに焼き色がつくまで焼く。3に加え、1も加えて和える。

→ 保存期間：2〜3日

持ち寄りOK　相性のいいお酒／ビール　ワイン（白、ロゼ、オレンジ）　ハイボール

Part

4

KANOSALA

おもてなし
酒肴

うちに人が集ってお酒を呑むとき、
つまみをあれこれ考えるのは楽しい
時間だったりします。とはいえ、大
げさなレシピではなく、ふだんのつ
まみに少し手をかけるくらいの感
じ。ご飯物や麺類も、〆というより、
〝お酒に合う〟のが必然です（笑）。

TABLE 1

トマトとパクチーと桜エビのサラダ
⟶ 作り方はP.120

ワンタン包み揚げ
⟶ 作り方はP.122

トムヤム炒飯
⟶ 作り方はP.123

Part 4 ── おもてなし酒肴

豚肉のやわらかムーピン風
⟶ 作り方はP.121

Part 4 — おもてなし酒肴

トマトとパクチーと桜エビのサラダ

しっかり味のメインの肉には、香りの強いパクチーのサラダでさっぱり口直し

● 材料（3〜4人分）
ミニトマト … 4〜5個
パクチー … 40g
桜エビ … 小さじ2
アーモンド（素焼き）
　… 4〜5粒
A ┃ ナンプラー … 小さじ1
　 ┃ おろしにんにく、
　 ┃ 　レモン汁 … 各少々

● 作り方
1. ミニトマトは半分に切り、パクチーは2〜3cm長さに切る。アーモンドは粗みじん切りにする。
2. ボウルにミニトマト、パクチー、桜エビを入れ、Aを加えて和える。
3. 器に盛り、アーモンドをふる。

🍷 相性のいいお酒／
ビール　ワイン（白、ロゼ、オレンジ）
ハイボール

豚肉のやわらかムーピン風

タイの豚肉の串焼き料理にヒントをもらってアレンジ。
漬け込んでおくからしっとりジューシー

● 材料（3〜4人分）
豚肩ロースかたまり肉 … 450g
パクチーの根 … 1本分

A
オイスターソース … 大さじ2
しょうゆ … 大さじ1
はちみつ … 小さじ2
おろしにんにく … 小さじ1
こしょう … 少々

● 作り方
1 豚肉は大きめの一口大に切る。 パクチーの根はみじん切りにする。
2 保存袋に 1 を入れて A を加え、袋の上からもみ込む。冷蔵室に入れ、1〜2時間おく。
3 オーブンシートを敷いた天板に並べ、220℃に予熱したオーブンで15〜20分焼く。

相性のいいお酒／ビール　ワイン（泡、白、赤、オレンジ）　ハイボール

Part 4 ── おもてなし酒肴

ワンタン包み揚げ

具は、チーズとアボカドの2種。包む量を少なくし、皮のカリカリ感を生かして

● 材料（3〜4人分）
アボカド … 1/2個
プロセスチーズ
　… 小4個（約50g）
ワンタンの皮 … 16枚
A ┌ ふ〜塩 … ひとつまみ
　└ レモン汁 … 少々
B ┌ 小麦粉、水 … 各大さじ1
揚げ油 … 適量
岩塩 … 少々
スイートチリソース … 適量

● 作り方
1. アボカドは潰してAで下味をつける。プロセスチーズは半分に切る。Aは混ぜ合わせる。
2. ワンタンの皮8枚にアボカドを等分にのせ、縁にBを塗り、三角に半分に折って縁を留める。残りのワンタンの皮にチーズを1切れずつのせ、縁にBを塗り、三角に半分に折って縁を留める。
3. 揚げ油を170℃に熱し、2を入れ、時々上下を返しながらカリッとするまで揚げる。油をきり、岩塩をふる。
4. 器に盛り、スイートチリソースを添える。

🍷 相性のいいお酒／
　ビール　ワイン（白、赤、オレンジ）
　ハイボール

トムヤム炒飯

エキゾチックな香りと辛く酸っぱい味わいについついお酒に手がのびる

● 材料（3～4人分）
むきエビ … 120g
長ねぎ … 10cm
にんにく … 1片
パクチー … 適量
卵 … 3個
ジャスミンライス(炊いたもの)
　　… 250g
酒 … 小さじ1
太白ごま油 … 大さじ3
A ┃ トムヤムペースト、
　 ┃　ナンプラー … 各大さじ1
フライドオニオン … 適量

● 作り方
1. エビは酒をからめ、熱湯で色が変わるまでゆで、湯をきる。長ねぎ、にんにくはみじん切りにする。パクチーはざく切りにする。卵は溶きほぐす。
2. フライパンに太白ごま油を中火で熱し、にんにくを入れる。油がシュワシュワしてきたらねぎ、ジャスミンライスを加え、油がまわるまで炒める。Aを加え、全体になじむまで炒める。
3. 端に寄せ、空いているところに卵、エビを加え、卵が半熟状になるまで炒め、全体を炒め合わせる。
4. 器に盛ってフライドオニオンを散らし、パクチーをのせる。

🍷 相性のいいお酒／
　　ビール　ワイン（白、オレンジ）
　　ハイボール

スリーシェフ
トムヤムペースト

酸っぱくて辛いトムヤムスープが簡単に作れるペースト。タイのハーブがしっかり入った本格派。／成城石井

123

TABLE 2

チキンと野菜のグリル
→ 作り方はP.127

Part 4 ── おもてなし酒肴

マッシュルームのファルシ
→ 作り方はP.126

トマトとクリームチーズのディップ
⟶ 作り方はP.126

Part 4 —— おもてなし酒肴

トマトとクリームチーズのディップ

● 材料（3〜4人分）
トマト … 大1個（200g）
クリームチーズ
　（室温に戻す）
　… 小2個（約30g）
イタリアンパセリ … 1枝
クレイジーソルト
　… ふたつまみ
オリーブ油 … 大さじ1
生ハム、
　黒オリーブ（種なし）、
　バゲット … 各適量

🍷 相性のいいお酒／
　ワイン（白、赤、ロゼ）

● 作り方
1. トマトは一口大に切り、イタリアンパセリは葉1枚を飾り用に取っておき、残りはみじん切りにする。
2. ボウルにトマト、みじん切りのイタリアンパセリ、クリームチーズ、クレイジーソルト、オリーブ油を入れ、トマトとチーズを潰しながら混ぜる。
3. 器に盛って飾り用のイタリアンパセリをのせる。生ハム、薄切りにした黒オリーブ、薄切りにしてオーブントースターで焼いたバゲットを添える。

マッシュルームのファルシ

● 材料（3〜4人分）
ブラウンマッシュルーム
　… 大8個
クリームチーズ
　（室温に戻す）
　… 小2個（約30g）
にんにく … 1片
クレイジーソルト … 少々
A ｜パセリ（みじん切り）
　｜　… 大さじ2
　｜乾燥パン粉 … 小さじ1
オリーブ油 … 大さじ1

🍷 相性のいいお酒／ビール
　ワイン（白、赤、オレンジ）

● 作り方
1. マッシュルームは軸を手で取り、軸はみじん切りにする。にんにくはみじん切りにする。
2. ボウルにクリームチーズ、マッシュルームの軸、にんにく、クレイジーソルトを入れ、混ぜる。
3. Aは混ぜ合わせる。
4. マッシュルームのかさの内側に2を詰め、3をのせる。天板に並べてオリーブ油をかけ、230℃に予熱したオーブンで焼き色がつくまで10分焼く（オーブントースターで様子を見ながら焼いても）。

チキンと野菜のグリル

焼けてクリーミーになったにんにくをチキンや野菜にからめて食べるのがおすすめ

● 材料（3〜4人分）
鶏もも肉 … 大 1 枚（400g）
にんじん … 1 本（150g）
玉ねぎ … 1 個
ピーマン … 4 個
にんにく … 4 片
ふ〜塩 … 小さじ 1
粉チーズ … 小さじ 2
オリーブ油 … 大さじ 1

● 作り方
1 にんじんは皮つきのまま縦半分に切り、長さを半分に切って縦2〜4等分に切る。玉ねぎは皮つきのまま縦半分に切る。鶏肉は4等分に切る。
2 天板にオーブンシートを敷き、鶏肉を皮目を上にしてのせ、空いているところににんじん、ピーマンと、玉ねぎを切り口を上にしてのせ、にんにくを皮つきのままのせる。
3 全体にふ〜塩、粉チーズをかけ、オリーブ油を回しかける。220℃に予熱したオーブンで、20〜25分焼く。

🍷 相性のいいお酒／
ビール　ワイン（白、赤、ロゼ）

TABLE 3

砂肝ガーリック炒め
⟶ 作り方はP.131

豚しゃぶラー油そば
⟶ 作り方はP.131

きゅうりとみょうがののり巻き
⟶ 作り方はP.130

まぐろと春菊のサラダ
⟶ 作り方はP.130

きゅうりとみょうがののり巻き

● 材料（3〜4人分）
きゅうり… 1本
みょうが… 2個
焼きのり… 2枚
A ┃ しょうゆ… 大さじ1
　┃ ごま油… 小さじ1
　┃ 白いりごま
　┃ 　… 小さじ1/2
　┃ おろし生姜… 少々

● 作り方
1. きゅうりは5cm長さに切って細切りにする。みょうがは縦半分に切ってせん切りにする。焼きのりは小さく切る。
2. Aは混ぜ合わせる。
3. 器に1を盛り、2を添える。のりにきゅうりとみょうがをのせて巻き、たれをつけて食べる。

相性のいいお酒／ビール　ワイン（白）　ハイボール　日本酒　焼酎

まぐろと春菊のサラダ

● 材料（3〜4人分）
まぐろ（赤身・刺し身用）
　… 90g
春菊
　… 1と1/2わ（150g）
長ねぎ… 5cm
塩昆布… 小さじ1
A ┃ しょうゆ
　┃ 　… 小さじ2
　┃ 酢、太白ごま油
　┃ 　… 各小さじ1
ゆず七味… 少々

● 作り方
1. 春菊は葉を摘み、3〜4cm長さに切る。長ねぎ、塩昆布はみじん切りにする。まぐろは一口大に切る。
2. ボウルに1を入れ、Aを加えて和える。器に盛り、ゆず七味をふる。

相性のいいお酒／ビール　ワイン（ロゼ、オレンジ）　ハイボール　日本酒　焼酎

砂肝ガーリック炒め

● 材料（3〜4人分）

砂肝 … 250g
にんにく … 2片
太白ごま油 … 大さじ1
A ┃ 酒 … 大さじ1
　┃ 岩塩、粗びき黒こしょう
　┃ 　… ひとつまみ
　┃ 和風だしの素（顆粒）
　┃ 　… 少々
　┃ しょうゆ
　┃ 　… 大さじ1と1/2
粗びき黒こしょう … 適量

● 作り方

1. にんにくはみじん切りにする。砂肝は半分に切り、薄く切る（銀皮が残っていると、よりコリコリ食感に。気になる場合は取る）。
2. フライパンに太白ごま油、にんにくを入れて中火にかけ、油がシュワシュワしてきたら砂肝を加え、色が変わるまで炒める。Aを順に加え、煮詰めるように炒める。
3. 照りが出てきたら器に盛り、黒こしょうをふる。

🍷 相性のいいお酒／ビール　ワイン（白、赤）　ハイボール　日本酒　焼酎

豚しゃぶラー油そば

● 材料（3〜4人分）

豚肩ロース
　しゃぶしゃぶ用肉 … 150g
冷凍そば … 2玉（360g）
小ねぎ … 2本
揚げ玉 … 大さじ1
A ┃ めんつゆ（4倍濃縮）
　┃ 　… 90ml
　┃ 水 … 150ml
花椒醤（P.62・または
　食べるラー油） … 適量

● 作り方

1. フライパンに湯を沸かして火を止め、豚肉を2〜3枚ずつ入れ、火が通ったらペーパータオルを敷いたバットに取り出し、粗熱をとる。
2. 小ねぎは小口切りにする。
3. 冷凍そばは袋の表示通りに電子レンジで解凍し、冷水にさらして水けをしっかりきる。
4. Aは混ぜ合わせる。
5. 器にそばを盛って1をのせ、小ねぎ、揚げ玉を散らして花椒醤をのせ、Aをかける。

🍷 相性のいいお酒／ビール　ワイン（白、ロゼ）　ハイボール　日本酒　焼酎

しらすと枝豆のブルスケッタ

指でつまんでパクッ。にんにくの香りが食欲をそそる

Part 4 ── おつまみし酒肴／これもおすすめ

● 材料（3〜4人分）
しらす干し … 60g
冷凍枝豆（解凍してさやから出す） … 50g
バゲット … 7〜8枚
A ┃ オリーブ油 … 大さじ2
　 ┃ ふ〜塩 … ひとつまみ
　 ┃ おろしにんにく … 少々

● 作り方
1. ボウルにしらす干し、枝豆、Aを入れて混ぜる。
2. バゲットはオーブントースターでカリッとするまで焼き、1をのせる。

🍶 相性のいいお酒／
ビール　ワイン（白）　ハイボール

フルーツチーズのブルスケッタ

ワインと相性抜群の食材を
こんがり焼いたバゲットにON

● 材料（3〜4人分）
りんご … 1/6 個
ミックスドライフルーツ（レーズン、
　マンゴーなど）… 大さじ1
クリームチーズ（室温に戻す）
　… 小4個（約65g）
生ハム … 適量
バゲット … 7〜8枚
メープルシロップ … 適量

● 作り方
1. りんごは皮つきのまま、ドライフルーツとともに粗みじん切りにする。ボウルに入れ、クリームチーズを加えて混ぜる。
2. バゲットはオーブントースターでカリッとするまで焼く。1、生ハムをのせ、メープルシロップをかける。

🍷 相性のいいお酒 / ワイン（泡、白、赤、ロゼ）

Part 4 ── おもてなし酒肴／これもおすすめ

鯛とみょうがのピンチョス

最近ヒットの大好きな組み合わせ。
みょうがの清涼感は欠かせない味のポイント

🍷 相性のいいお酒／
　ワイン（白）　ハイボール　日本酒

● 材料（3〜4人分）
鯛（刺し身用）… 100g
みょうが … 2〜3個
プチモッツァレラ … 8個
塩 … 少々
塩昆布 … ひとつまみ
ごま油 … 小さじ1

● 作り方
1　鯛は塩をふり、出てきた水けを拭いて8
　等分に切る。みょうがは1cm厚さの輪
　切りにしたものを8個用意する。
2　塩昆布はみじん切りにし、ごま油を加え
　て混ぜる。
3　モッツァレラ、鯛、みょうがの順にピッ
　クに刺し、2をかける。

干し柿とバターのピンチョス

甘みと塩け、まさに禁断の合わせワザ。
ぜひ、美味しいバターで

🍷 相性のいいお酒／
　ビール　ワイン（白、ロゼ、オレンジ）

● 材料（3〜4人分）
干し柿（種なし）… 2〜3個
バター … 20g
バゲット（1cm幅に切る）… 3〜4枚

● 作り方
1　干し柿は1cm幅に切ったものを8個用
　意する。バターは柿と同じくらいの大き
　さに切り、食べる直前まで冷蔵室で冷や
　す。
2　バゲットは柿と同じくらいの大きさに
　切り、オーブントースターでカリッとす
　るまで焼き、粗熱をとる。
3　干し柿、バター、バゲットの順に1切
　れずつピックに刺す。

くせになるごぼうのクリスピー感！
バルサミコ酢の酸味と香りが美味しさを格上げ

カリカリごぼうと れんこんの バルサミコ和え

Part 4 ———

おもてなし酒肴／これもおすすめ

● 材料（2人分）
ごぼう … 150g
れんこん … 100g
エリンギ
　　… 1/2パック（50g）
にんにく … 1片
小麦粉 … 適量
オリーブ油 … 適量
岩塩 … ひとつまみ

A ┌ バルサミコ酢
　│　… 大さじ3
　│ しょうゆ … 大さじ1
　└ はちみつ … 小さじ2

🍶 相性のいいお酒／
　ビール　ワイン（白、赤）

● 作り方

1　ごぼうはピーラーで15cm程度の長さに薄く削り、れんこんは薄い半月切りにし、それぞれ水にさらして、水けをしっかり拭く。ごぼうは小麦粉を薄くまぶす。にんにくはみじん切りにする。

2　フライパンにオリーブ油大さじ3を中火で熱し、れんこんを入れ、上下を返しながらカリッとするまで焼き、取り出して油をきる。

3　続けてごぼうを入れ、混ぜながらカリッとするまで焼き、取り出して油をきる。

4　フライパンをきれいにし、オリーブ油小さじ2、にんにくを入れて中火にかけ、香りが立ったらエリンギを手で食べやすく裂きながら加え、岩塩をふる。エリンギに焼き色がついたらA、2、3を加え、さっとからめる。

芽キャベツのクリチハニマス

葉がギュッと詰まった芽キャベツは
火を通すと甘みが際立ち、とびきりうまい!

● 材料（2人分）

芽キャベツ … 5個

生ハム … 2枚（20g）

クリームチーズ … 小1個（約15g）

A ┌ マヨネーズ … 大さじ2
  │ はちみつ … 大さじ1
  │ 粒マスタード、しょうゆ
  └   … 各小さじ1

持ち寄りOK

相性のいいお酒 ／
　ビール　ワイン（白、赤、ロゼ）

● 作り方

1 芽キャベツは縦半分に切り、耐熱ボウルに入れる。ラップをかけ、電子レンジで3分加熱する。粗熱がとれたら水けを拭く。

2 クリームチーズは小さく、生ハムは一口大にちぎって加え、Aも加えて和える。

ケールとオリーブのクスクスサラダ

クスクスのプチプチとした歯ざわりがたまらない。
クミンオイルで香り豊かに仕上げて

Part 4 ──── おもてなし酒肴／これもおすすめ

● 材料（2人分）
ケール … 2〜3枚（70g）
黒オリーブ（種なし）… 3〜4個
クスクス … 50g
鶏ささ身 … 1本（50g）
ミニトマト … 6個
にんにく … 1片
岩塩 … 少々
A ┌ レモン汁 … 小さじ1
　│ 洋風スープの素（顆粒）… 小さじ1/4
　└ 岩塩 … 少々
オリーブ油 … 大さじ2
クミンシード … 大さじ1

● 作り方
1. 小鍋にささ身を入れ、かぶるくらいの水を注ぐ。中火にかけ、沸騰したらふたをして火を止める。そのまま10分おき、余熱で火を通す。
2. 耐熱ボウルにクスクスを入れ、岩塩を加えて湯50mlを注ぎ、ラップをかけて10分おく。
3. 別の耐熱ボウルにケールを一口大にちぎって入れる。ラップをかけ、電子レンジで1分加熱し、水けを拭く。オリーブは薄切りに、ミニトマトは四つ割りにし、にんにくはみじん切りにする。
4. 2に1のささ身を裂いて加え、ケール、ミニトマト、オリーブ、Aも加える。
5. フライパンにオリーブ油、にんにく、クミンシードを入れて中火にかけ、香りが立つまで炒める。4に油ごと加え、和える。

持ち寄りOK
相性のいいお酒／
　ビール　ワイン（白、赤）　ハイボール

スナップえんどうカルボ

カルボナーラソースにマスカルポーネのまろやかな甘みが加わり、リッチな美味しさ

Part 4 —— おもてなし酒肴／これもおすすめ

● 材料（2人分）
スナップえんどう … 80g
ベーコン（ブロック） … 50g
マスカルポーネ … 大さじ2
A ┃ 卵黄 … 1個分
　┃ マヨネーズ … 大さじ1
　┃ 牛乳 … 小さじ1
　┃ おろしにんにく、岩塩 … 各少々
オリーブ油 … 小さじ1
岩塩 … 少々
粗びき黒こしょう … 適量

🍶 相性のいいお酒／
　　ビール　ワイン（白、赤）

● 作り方
1. スナップえんどうはへたと筋を取る。ベーコンは5mm四方の棒状に切る。
2. **A**は混ぜ合わせる。
3. フライパンにオリーブ油を中火で熱し、スナップえんどうを入れて岩塩をふり、ふたをする。上下を返しながら焼き色がつくまで蒸し焼きにし、器に盛る。
4. 続けてフライパンにベーコンを入れ、焼き色がつくまで中火で炒め、**3**に盛る。マスカルポーネをのせて**2**をかけ、黒こしょうをふる。

セロリとピングレの コールスロー

爽やかなグレープフルーツはセロリと好相性。
さっぱりと軽やかな味わいがワインに合う

● 材料（2人分）
セロリの茎 … 100g
ピンクグレープフルーツ … 1/2個
クリームチーズ … 小1個（約15g）
塩 … 少々

A ┌ マヨネーズ、らっきょう酢
  │   … 各大さじ1
  └ 粒マスタード … 小さじ1

● 作り方

1 セロリは筋を取り、スライサーで薄切りにする。ボウルに入れて塩をまぶし、しんなりしたら水けを拭く。

2 グレープフルーツは薄皮をむき、果肉を取り出す。

3 1にグレープフルーツと、クリームチーズを小さくちぎって加え、Aも加えて和える。

持ち寄りOK

相性のいいお酒／ワイン（白、ロゼ）

Column | KANOSALA の好きな日本のワイナリー

川島醸造

（長野県上高井郡高山村高井）
Instagram：@cohey_kawashima

私たちが日本ワインにハマるきっかけとなったワイナリー。ここのワインとの出会いがなければ、こんなにナチュラルワインを呑むことはなかったかも。「You Temps Beau」は、土佐弁の〝よたんぼ〟（酔っぱらい）にかけているらしい。

ケアフィットファームワイナリー

（山梨県甲州市勝沼町勝沼）
https://www.carefit.org/farm/winery/

KANOSALA初のオフ会でも使用したワインで、ぶどうは日本の地場品種である甲州とマスカット・ベーリーAに特化している。「Naked Kohaku」は、これまでに呑んだ甲州ワインの中でも香りと渋みのバランスがよく、私たちのお気に入り。

Natan葡萄酒醸造所

（徳島県三好市池田町マチ）
https://natan.jp/

ワインの名前がどれも個性的で、そのひとつひとつに込められたストーリーをじっくり感じながら呑むと、実に奥深い！味はもちろん美味しいし、Instagramで発信している製造風景もおもしろくて、くせになります。

農楽蔵

（北海道北斗市文月）
http://www.nora-kura.jp/

ここのワインの美味しさに感動して、知り合いの飲食店で行われた農楽蔵の呑み比べ会に参加したこともあるくらい。エチケットの個性的なイラストもかわいい。なかなか手に入りにくいので、見つけたときは即買いです。

DROP

（山形県上山市沢丁）
Instagram：@drop_yamagata

はじめて呑んだのは、オレンジと白のナチュラルワインでしたが、そのときの衝撃は忘れられません。その後もいろいろな種類を呑んでいますが、どれも好みの味わいで、飲食店で見かけるとついつい注文しちゃいます。

le bois d'azur

（茨城県つくば市）
https://leboisdazur.com/

2020年に筑波山のふもとの耕作放棄地を開墾し、夫婦2人で始められたワイナリーだそう。巨峰の花切りのお手伝いをさせてもらったことがあり、その後のワイン会で呑んだワインがとても美味しくてハマりました。

菊鹿ワイナリー

（熊本県山鹿市菊鹿町相良）
https://www.kikuka-winery.jp/

地元で栽培されたぶどうのみで製造される「菊鹿ワイン」は、数々の受賞歴を誇る人気ブランドのひとつ。雑味のない、きれいな味という印象です。ISOの地元でもある「山鹿」というワインもあったりして、勝手に親近感（笑）。

domaine tetta

（岡山県新見市哲多町矢戸）
https://tetta.jp/

パンダのエチケットでおなじみのワインは、どれも美味。昔、ぶどう畑を作る際に土を掘り起こしていたら、偶然パンダの置物が出てきたため、それがシンボルになったとか。Aki Queenが印象的で美味しく、ほかも呑んでみたい！

Ro_vineyard

（長野県東御市和）
Instagram：@ro_vineyard

標高900mの高地でピノ・グリやシャルドネなどを栽培。ぶどうの収穫を手伝わせてもらった経験もあります。個人的には、赤がしっかりとした味わいで好き。鳥がモチーフのシックなエチケットもおしゃれ（P.117に登場しています）。

ドメーヌナカジマ

（長野県東御市和）
http://d-nakajima.jp/

ここの「ペティアン・ロゼ」が大好き。陰干しした巨峰で造られた微発泡ワインで、甘すぎず、ほのかにレーズン感があり、ベリーの風味もよくて、ゴクゴクいけちゃいます。ワイン初心者にもおすすめの美味しさです。

共栄堂

（山梨県山梨市牧丘町室伏）
https://kyo-edo.main.jp/

「あなたのテーブルワイン」というコンセプトで造られるワインは親しみやすい味わいで、比較的手に入りやすいのもうれしいポイント。毎回、さまざまなテーマに沿ってアーティストが作るエチケットも素敵です。

ヒトミワイナリー

（滋賀県東近江市山上町）
http://www.nigoriwine.jp/

全てのワインを酸化防止剤、培養酵母を不使用で、ろ過しない「にごりワイン」専門のワイナリー。すっきりとした味わいのテーブルワイン「Soif（ソワフ）シリーズ」がお気に入りで、中でも「Soif Blanc」（白）が大好き！

KANOSALA
（NICO&ISO）

酒呑み彼女が作る〝つまみ系サラダ〟を Instagramで投稿し、人気を博している。ナチュラルワインやクラフトビール、日本酒、ウイスキーなど、どんなアルコールにも合う手軽に作れてヘルシーな酒肴（酒のつまみ）を提案。ありそうでなかった斬新な発想と、旬の野菜をふんだんに使った体が浄化するようなレシピが特徴で、食材や調味料の組み合わせも秀逸。レシピを真似して提供したら、食べた人全員に絶賛されたという声、多数。映像の美しさにも定評がある。レシピ開発と調理担当はNICO、動画制作と撮影担当はISO。

旬の野菜をたっぷり使った
新しいおつまみ101品

すぐに美味しいヘルシー酒肴

2024年11月14日　初版発行

著者　KANOSALA（カノサラ）
発行者　山下　直久
発行　株式会社KADOKAWA
　　　〒102-8177
　　　東京都千代田区富士見2-13-3
　　　電話0570-002-301（ナビダイヤル）

印刷所／TOPPANクロレ株式会社
製本所／TOPPANクロレ株式会社

本書の無断複製（コピー、スキャン、デジタル化等）並びに無断複製物の譲渡および配信は、著作権法上での例外を除き禁じられています。また、本書を代行業者等の第三者に依頼して複製する行為は、たとえ個人や家庭内での利用であっても一切認められておりません。

●お問い合わせ　https://www.kadokawa.co.jp/
（「お問い合わせ」へお進みください）
※内容によっては、お答えできない場合があります。
※サポートは日本国内のみとさせていただきます。
※Japanese text only
定価はカバーに表示してあります。

©KANOSALA 2024 Printed in Japan
ISBN 978-4-04-607095-1　C0077